라캉을 읽기 위한 기본
Jacques Lacan: The Basics

Jacques Lacan: The Basics
Copyright ⓒ 2023 Calum Neill
All Rights Reserved. No part of this book may be used or reproduced in any manner whatever without written permission except in the case of brief quotations embodied in critical articles or reviews.
Korean Translation Copyright ⓒ 2025 by yeondoo
Authorised translation from the English language edition published by Routledge, a member of the Taylor & Francis Group through BC Agency, Seoul
이 책의 한국어판 저작권은 BC에이전시를 통해 저작권자와 독점 계약을 맺은 yeondoo에 있습니다. 저작권법에 의해 보호를 받는 저작물이므로 무단 전재와 복제를 금합니다.

라캉을 읽기 위한 기본

Jacques Lacan: The Basics

칼럼 닐 지음
이미라 옮김

yeon/doo

클레어와 애티커스를 위해, 사랑을 담아

차례

한국 독자에게 9

1장. 자크 라캉은 누구인가? 19
2장. 철학적 맥락 35
3장. 거울 단계 53
4장. 상상계 / 상징계 / 실재계 64
5장. 오브제 프티 아 88
6장. 무의식 104
7장. 성화 127
8장. 그래서 무엇? 152
9장. 그래서 이제는 무엇? 160

용어 정리 183
참고 문헌 193
감사의 말 200
역자 후기 202

한국 독자에게

이 책은 번역서다. 그 정도는 명백해 보인다. 이미 프랑스어에서 영어로, 한 시대와 맥락(20세기 후반의 파리)에서 다른 시대와 맥락(21세기 영어권 세계)으로 번역된 이 텍스트는 이제 역자인 이미라의 인내와 정성을 통해 한국적 맥락에 맞게 번역될 참이다. 시작하기에 앞서 잠시 멈춰 이 책이 어디에서 왔고 무엇을 추구하는지, 이 책에 어떻게 접근해야 하는지 생각해보고자 한다.

라캉은 20세기 파리에 살며 활동한 프랑스의 정신분석가이자 스승이다. 그는 글을 거의 쓰지 않았지만 유럽과 미국에서, 그리고 점점 전 세계적으로 정신분석의 실천에 막대한 영향력을 행사했다. 이런저런 규정 때문에 정신분석학계의 정확한 수치를 파악하기는 어렵지만 전 세계의 정신분석가 약 2만 명 중 10퍼센트 이상이 라캉주의자인 것으로 추정된다. 물론 스스로 라캉주의자라고 밝히지 않는 사람들이라고 해서 라캉의 사상에 직접적으로든 간접적으로든, 긍정적으로든 부정적으로든 영향을 받지 않았다는 의미는 아니다.

라캉의 사상은 문학, 영화학, 정치학, 심리학, 사회학, 철학 등 다양한 학문 분야에서 수용되고 논의되면서 정신분석학 이외의 영역에서 더 큰 영향을 미쳤을 것이다.

영국을 비롯한 대부분의 다른 나라에서와 마찬가지로 한국에서도 그렇다. 학계에서 영향력을 행사한 다른 사상가들의 사상처럼 라캉의 사상도 엘리트주의적 형태와 대중적 형태를 아우르며 예술과 문화에 스며들기 시작했다. 박찬욱 감독의 〈올드보이〉에서 주인공 오대수 캐릭터는 정신분석학의 대표 신화인 오이디푸스 이야기를 의도적으로 차용한 것으로 확인되었을 뿐 아니라 영화의 내용 역시 정신분석학적 주제들(욕망, 무의식, 의미 찾기 등)로 가득 차 있어 그 영향을 발견하기가 어렵지 않다. 황금종려상 수상작이자 무의식에 대한 건축적 묘사와 억압의 귀환이라는 개념이 두드러진 봉준호 감독의 〈기생충〉은 아마 더욱 그러할 것이다. 〈기생충〉은 1933년 프랑스 르망에서 자신들의 고용주들을 살해한 두 가정부, 파팽 자매의 사건에서 영감을 받았다. 라캉의 초기 저작 중 하나인 「피해망상적 범죄의 동기: 파팽 자매의 범죄Motifs du Crime Paranoïaque: Le Crime des Sœurs Papin」는 이 사건에 대한 그의 설명과 대응이었다. 라캉은 파팽 자매의 범죄에서 부의 불평등에서 비롯된 분노뿐 아니라 비합리적인 삶의 본질과의 충돌을 드러내는 피해망상적 불안을 발견할 수 있다고 주장한다. 봉준호 감독의 영화에서도 이러한 주제를 분명히 확인할 수 있다.

정신분석가인 라캉이 광기, 불안, 편집증 같은 주제와 관련하여 다양한 방식으로 우리의 사고에 영향을 미쳤다는 사실을 지적하는 것은 당연한 일이다. 그러나 그의 영향력은 훨씬 광범위하다. 라캉은 정신분석에 대한 자신의 특별한 견해를 발전시키면서 인간에 대한 가장 완성된 이론 중 하나를 개발했으며, 이는 불가피하게 그의 연구를 정체성, 윤리, 그리고 사회 생활에 대한 우리의 생각으로까지 데려온다.

다소 적은 그의 글(총 세 권으로 '글'을 의미하는 『Écrits』, '다른 글'이라는 뜻의 『Autres écrits』, 그리고 '첫 번째 글'을 뜻하는 『Primiers écrits』다.) 외에도 라캉은 (세미나라고 불린) 강연을 정기적으로 주최했고 이 세미나들의 기록은 1975년부터 프랑스어로 출판되기 시작하여 점차 영어, 한국어 등 다른 언어로도 출판되었다. 그의 글과 구두로 이루어진 강연은 모두 밀도가 높고 매우 읽기 어렵다. 특히 그의 글은 이해하기가 굉장히 어려워서 어떤 사람들은 라캉이 단순히 글쓰기에 능숙하지 않았던 것이라는 주장을 하기에 이르렀다. 다른 사람들은 그가 고의적으로 모호하게 썼다고 주장했다. 세미나의 경우 처음부터 출판을 목표로 쓰인 저서보다는 덜 난해하지만 명확한 길잡이가 없어 역시 이해하기가 어렵다. 라캉은 세미나의 초반부에 주제를 청중에게 밝히기도 했으나 이후로는 다소 자유롭게 소재를 옮겨 다녔기 때문에 그가 어디로 가고 있는지, 강의의 각 부분이 앞이나 뒤의 내용과 어떻게 연관되는지 명확하지 않은 경우가 많았던 것으로 보인다. 그러나 많은 사람이 여전히 라캉의 연구에 매료되고 20세기를 거쳐 21세기의 사상에도 그 영향력이 크다는 사실은, 그의 작업에서 두드러지는 독특한 난해함의 원인이 무엇이든 간에 어렵다고 해서 그의 말 속에 중요한 것이 없다는 뜻은 아님을 시사한다.

라캉의 저작을 읽을 때 나타나는 어려움에는 그럴듯한 이유가 있으며, 이는 처음부터 고려할 가치가 있다. 라캉이 제시하고자 하는 생각 자체가 간단하지 않기 때문이다. 그 참신함이 잠재적으로 도발적일 수 있을 뿐 아니라 이미 받아들여지거나 알려진 관념 속에서 잘못 해석되고 포섭될 위험도 있다. 이는 라캉에게만 해당되는 사항은 아니다. 그러나 이 책이 입문서라는 점과 번역서라는 점 모두에서, 이 책의 맥락 안에서 특히 진지하게 고려할 만한 지점이다.

예를 들어 세상에서 우리의 위치를 이해하려는 새로운 방식을 마주할 때마다 우리는 그 생각을 세계와의 관계에 대한 기존 관념에 어떻게든 맞추거나 그 관념과 연관해서 생각해야 한다. 어떤 생각이 우리의 기존 생각에 쉽게 맞을수록 덜 새로운 것임은 자명해 보인다. 새로운 생각이 우리가 가진 오래된 생각과 편안하게 맞을 수 있다는 사실은, 이 생각이 우리에게는 새로울지 몰라도 실제로는 오래된 생각에 반론을 제기하지 않음을 암시한다. 어떤 의미에서는 오래된 생각이 이미 그 길을 닦아놓았다고 볼 수도 있다. 생각 자체는 우리에게 새로운 것을 말하지만 그것은 우리 자신과 세상,

그리고 우리 자신과 세상의 관계에 대한 일반적 이해에 순응한다는 뜻이다. 진정으로 참신한 생각일수록 받아들이기가 어렵다. 적어도 부분적으로는 우리가 의존해온 오래된 생각에 이의를 제기하기 때문이다. 새로운 생각은 이전에는 그것을 설명하는 개념이나 단어가 없던 측면을 표현하기 위해 새로운 어휘를 필요로 하는 경우가 많다. 이미 존재하는 단어를 새롭게 조합하여 사용하거나 다른 의미로 사용되는 기존 단어를 활용하여 새로운 생각을 제시할 수도 있다.

따라서 이러한 새로운 아이디어를 기존의 이해에 맞추는 활동, 새로운 것과 새로운 시각을 배우는 활동은 어렵거나 심지어 불편할 수 있다. 의식적으로 생각하지 않은 채 편안한 것을 선호하는 경향이 우리에게 있음은 당연한 일이다. 세상을 보는 이미 익숙한 방식에 억지로 생각을 맞추게 될 가능성이 있다는 뜻이다. 새로운 것을 배우고 싶지 않은 게 아니더라도 새로운 시각을 접할 때 오는 혼란과 불편함은 불안할 수 있다. 이는 모든 것을 처음부터 다시 생각해야 할 가능성을 시사한다.

게다가 새로운 생각이 우리의 기존 이해에 쉽게 수용되는 간단한 방식으로 제시될 때는 새로운 생각의 요소를 우리가 이미 접한 바 있는, 표면적으로 비슷한 생각으로 오해하기가 쉽다. 간단히 이야기하면 우리는 우리가 그것과 비슷하다고 생각하는 것을 이해했기 때문에 무언가를 이해했다고 생각하기가 쉽다는 말이다. 이것이 바로 은유의 작동 방식이다. 예를 들어 우리가 어떤 생각을 "삼키기가 어렵다."라고 말할 때 은유는 마술처럼 이미지를 떠올리게 하는 방식으로 작동한다. 어떤 이미지인지는 사람마다 다를 수 있다. 약을 먹는 아이의 이미지일 수도 있다. 약은 맛이 불쾌해서 구역 반사를 일으킨다. 뱀이 자신보다 큰 동물을 통째로 집어삼키려는 이미지일 수도 있다. 두 경우 모두 무언가를 삼키기 힘들고 자기 것으로 받아들이기 어렵다는 느낌을 전달한다.

첫 번째 예에서 어려움은 약을 먹는 것이 우리에게 이익이 된다는 것을 알고 있음에도 그 맛을 불쾌하게 느끼는 데서 온다. 두 번째 예에서 어려움은 단순히 대상의 크기에서 온다. 두 경우 모두 새로운 생각을 배우거나 받아들이려고 할 때 수반되는 어려움을 전달하기 위해 작동한다. 이 새로운 생각은 우리가 듣고 싶은 말이 아닐 수도 있다. 혹은 감당하기에는 너무 거대할 수도 있다.

은유는 이러한 방식으로 생각을 더 생생하게 전달하는 데 효과적이지만 위험성도 수반한다. 참신한 생각은 약 한 숟가락과 비슷할지 몰라도 실제로는 약 한 숟가락이 아니다. 이 비유는 도전 의식, 유익한 것과 원치 않는 것의 조합을 전달하는 데 도움이 되는 비교 지점과 함께 잠재적으로 관련이 없거나 도움이 되지 않을 수 있는 여러 이미지를 담고 있다. 약의 예는 새롭지만 매력적이지 않은 생각을 달콤한 과자처럼 더 친숙하고 즐거운 것으로 바꾸면 매력적으로 만들 수 있다는 생각을 갖게 할 수 있다. 실제 의학에서는 효과가 있는 방법일지 몰라도 생각의 경우에는 어떻게 하면 그 의미를 모호하게 만들지 않은 채 이를 적용할 수 있을지 알기 어렵다. 게다가 은유의 특성상 연상되는 특정한 이미지는 우리가 통제할 수 있는 것이 아니다. 그렇다면 우리는 약을 먹는 아이, 영양羚羊을 잡아먹는 뱀, 자기 자식을 잡아먹는 크로노스를 상상해야 할까? 우리가 의지하는 이미지는 생각에 영향을 미치고, 이는 우리의 이해에 영향을 미치며, 우리는 그 순간에 의도적으로 이미지를 선택하는 것이 아니다. 이미지는 우리가 이전 경험과 체험에 의존하도록 강압한다.

따라서 언어는 도움이 되는 만큼이나 혼란을 줄 수 있으며 새로운 생각의 경우에는 혼란이나 오해의 가능성이 더욱 커진다. 라캉은 거의 틀림없이 이런 이유 때문에 앞서 언급한 그만의 방식으로 글을 썼을 것이다(20세기 프랑스 사상가 중 라캉만 그러했던 것도 아니다.). 단순히 그가 전달하고자 하는 생각이 참신해서 우리 자신과 세상을 보는 익숙한 방식에 쉽게 맞지 않는다는 것이 아니다. 라캉은 종종 오해를 불러일으키는 이해의 서두름에 매우 민감하게 반응하며 우려했다. 그래서 그는 자신의 생각을 처음(또는 두 번째나 세 번째) 읽었을 때 덜 쉽게 이해하도록(따라서 덜 오해되도록) 표현한다. 말해진 것에 대해 정말 진지하게 생각해야만 하는 방식으로 자기 생각을 표현함으로써 라캉은 우리를 생각하게 하고 전통적 생각에 덜 의존하도록 한다. 그의 생각이 논의된 다른 것과 어떻게 연결되는지 생각하도록 이끈다. 그는 그 모든 것이 무엇을 의미할 수 있는지, 즉 그 생각의 해석적 의미의 차원과 함께 우리가 자기 또는 세상을 이해하는 이런저런 방식의 파급 효과라는 면을 스스로 생각해보도록 요구한다.

라캉은 스승이기도 했다. 따라서 그의 연구 목적은 독자가 스스로 생각하도록 장려하는 것이다. 그는 독자가 무엇을 생각해야 하는지 말해주지 않는다. 때로는 자신이 어떻게 생각하는지도 말해주지 않는 것처럼 보인다. 하지만 그는 다른 사고방식에 도전하고 수많은 고민에 대해 우리의 주의를 환기한다. 그는 우리에게 형식을 제공하지만 이러한 형식조차도 해석이 필요하다. 그리고 바로 이것이 오히려 요점이다. 라캉은 정신분석가였다. 이 분야에서는 모든 것을 해석해야 한다. 정신분석에서 중요한 질문은 누가 해석을 하는가 또는 해석을 해야 하는가 하는 것이다. 전통적 가정은 해석하는 것이 정신분석가의 일이라는 것이다. 결국은 그게 우리가 그들에게 돈을 지급하는 이유다. 배관에 문제가 생기면 배관공에게 전화를 걸고 그가 문제를 진단하여 해결책을 제시해주기를 기대하는 것처럼 정신분석가를 찾아온 사람은 자신의 경험에 대한 해석, 문제 진단, 일종의 지침이나 해답을 기대할 수 있다. 라캉은 이러한 관점을 깨트리고자 했다. 라캉의 관점에 따르면 분석가는 해석과 지침을 제공하는 사람이 아니다. 더 강하게 표현하자면 분석가는 해석을 제공하지 않도록 애써야 한다. 자신의 경험, 꿈, 욕망은 오직 자신만이 해석할 수 있다. 라캉에게 이러한 책임의 전환은 이미 텍스트 자체의 차원에서 발생한다. 당신이 글을 읽을 때 읽고 이해하고 해석하는 것은 당신의 책임이다.

그렇다고 그 해석이 꼭 결정적이어야 하는 것은 아니다. 정신분석적 맥락에서 자신의 경험을 다시 이야기하는 자기 해석이든 라캉의 텍스트에 대한 해석이든 이미 라캉의 텍스트에 대한 해석인 나의 텍스트에 대한 해석이든 중요한 것은 해석의 과정과 이 과정의 효과다. 한강은 2024년 노벨 문학상 수상 강연에서 소설 쓰기란 자기 생각에 "중요하고 절실한" 질문들 속으로 파고들어 그 안에 머무르는 과정이라고 말했다. 그리고 "하나의 장편 소설을 쓸 때마다 나는 질문들을 견디며 그 안에 삽니다. 그 질문들의 끝에 다다를 때(대답을 찾아낼 때가 아니라) 그 소설을 완성하게 됩니다. 그 소설을 시작하던 시점과 같은 사람일 수 없는, 그 소설을 쓰는 과정에서 변형된 나는 그 상태에서 다시 출발합니다. 다음의 질문들이 사슬처럼 또는 도미노처럼 포개어지고 이어지며 새로운 소설을 시작하게 됩니다."라고 말했다. 라캉의 정신분석학도 마찬가지다. 그리고 라캉을 읽는 일도 마찬가지다.

그렇다면 이 책은 불가능에 가까운 책이다. 이 책은 라캉에 대한 몇 가지 해석을 제공하기 위해 시작되었다. 여전히 매우 어려운 그의 사상을 접근하기 쉬운 형태로 풀어내려는 시도다. 따라서 필연적으로 처음부터 두 가지 문제에 부딪히게 된다. 첫째, 라캉이 청중의 사유를 독려하기 위해 의도적으로 도전적 방식으로 자신의 연구를 쓰고 발표했다면 이 책은 그 도전의 일부를 제거하려는 것처럼 보일 수 있다. 둘째, 라캉의 텍스트가 독자 스스로 해석해야 하는 것이라면 이 책은 독자를 그 책임감이나 소유권에서 해방하고 싶다거나 더 나쁘게는 독자의 고유의 해석을 영원히 물들여버릴 다른 해석을 들이밀려는 것으로 보일 수 있다. 이 같은 결점은 이런 텍스트에서는 불가피한 것인지도 모른다. 라캉 입문서로서 이 책은 그의 사상을 이해하는 방법을 제시해야 하고, 그의 사상 중 일부를 재구성하고 단순화해야 한다. 희망컨대 나는 라캉의 사상을 열어주고 다시 만나게 하는 방식으로 그 작업을 하고자 한다. 라캉에 대한 질문, 정신분석에 대한 질문, 또는 자신에 대한 질문, 사람이라는 것이 무엇인지, 자신의 세계와 이 세상에서 사람이라는 것이 무엇인지에 대한 질문으로 이 책을 시작할 수 있다. 단순히 호기심에 이끌린다고 해도 그 호기심 어딘가에 질문이 자리 잡고 있을 것이다. 이 책 역시 질문을 불러일으키기를 바란다. 이상하게 들릴지도 모르지만 이 책이 혼란을 주고, 혼란을 통해 더 많은 질문을 불러일으키고, 라캉이 '의미의 사슬'이라고 부르는 사슬의 고리처럼 더 많은 독서를 이끌어낼 수 있기를 바란다.

1장. 자크 라캉은 누구인가?

라캉이 정신분석가였다는 점을 감안하면 그의 어린 시절과 가족을 탐구하고, 그와 같은 사람을 만든 일종의 씨앗을 그 형성기와 당시의 관계 안에서 찾는 것으로 시작하고 싶은 유혹이 있겠지만 나는 데이비드 코퍼필드 같은 헛소리는 모두 건너뛰고 싶다. 라캉의 개인사에서 연결 고리를 뽑는 게 아무리 솔깃한 일일지라도 그것은 추측에 불과하다. 다만 약간의 맥락을 알고 방향성을 가지는 것은 도움이 될 수 있을 것이다.

라캉은 1901년 파리에서 태어나 1981년 사망할 때까지 파리에 살면서 공부하고 일했다. 처음에는 의사로 수련을 받았고(나중에 파블로 피카소의 개인 주치의가 되었다.) 그 후 여전히 다소 생소한 분야였던 정신의학을 전문 분야로 삼았다. 의학의 한 갈래로서 정신의학은 의학적 틀을 따른다. 일반 의학에서와 마찬가지로 상태를 파악한 뒤 가능한 경우 치료를 진행한다. 이 틀 안에서 환자는 더 정상적으로 기능하도록 수정하거나 고쳐야 하는 물건과 같다. 의학이 수세기에 걸쳐 발전하고 현대 과학 기술의 출현과 함께 중대한 도약을 이루었듯 마음과 인간 행동에 대한 우리의 이해도 시간이 지남에 따라 변화해왔다. 라캉이 연구를 시작했을 때는 정신의학이 의학 분야로 확립된 지 한 세기도 채 되지 않은 시점이었지만 사람들은 이미 수천 년 동안 광기, 일탈, 차이를 탐구하고 설명해왔다. 새로운 학문으로서, 특히 정확히 규명하기 어려운 현상을 설명하고 치료하려는 새로운 학문으로서 정신의학을 다루는 통일된 방식이나 정립된 관점은 없었다(지금도 마찬가지다.). 그러나 일반적 관점은 존재했는데 광기와 정신 이상에 대한 탐구를 의학이라는 더 넓은 분야, 즉 응용과학 안에 자리 잡게 하려는 것이었다.

지그문트 프로이트는 라캉과 마찬가지로 원래 의학을 공부한 후 신경학에 대한 관심을 통해 정신분석학에 이끌렸다. 그는 이론적 탐구와 특히 환자들과의 작업을 통해 정신의학에서 크게 벗어난 의학적 실천을 개발하기 시작했다. 이 책에서 정신의학과 정신분석학을 완전히 자세하게 비교하기는 어렵지만 핵심적이고 상호 관련된 이 두 가지 차이점에는 주목할 가치가 있다. 정신의학과 정신분석은 표면적으로는 동일한 연구 영역(정신, 인간 행동, 광기, 일탈 등과 같은)에 초점을 맞추고 있지만 상당히 다른 가정하에 작동한다. 정신이 무엇이며, 어떻게 작동하는지에 대한 이해가 서로 다른 이론을 기반으로 한다는 뜻이다. 이는 두 번째 차이점으로 연결되는데 실제로 두 분야는 치료 받는 사람을 배치하는 방식과 심지어 무엇이 '치료'로 간주되고 무엇이 목표가 되는지에 대한 개념 자체에서 상당히 다른 방식에 의존한다. 의학은 치료법을 제공하거나 최소한 질병에 대한 관리 체계를 제공하는 것이 가장 분명한 목표다. 이러한 접근 방식은 무엇이 건강한 것이고 정상인지에 대한 개념에 의존하며, 외부 전문가로서 정신과 의사의 역할은 문제를 파악하고 치유, 치료 또는 최소한 방지법을 제공하는 것이다. 이러한 접근법의 한계에 좌절감을 느낀 프로이트는 다른 관점에서 정신에 접근하고자 했다. 중요한 것은 프로이트가 명확한 가정을 세우고 출발한 것이 아니라 강력한 호기심에서 출발했다는 점이다. 그의 탐구, 그리고 결정적으로 환자들과의 대화는 프로이트를 여러 새로운 생각으로 이끌었고 그가 '정신분석'이라고 부른 새로운 분야를 정립하도록 했다.

    프로이트의 접근 방식에서 가장 잘 알려진 참신함이자 정신의학과 구별되는 지점 중 하나는 무의식의 발명일 것이다. 내가 '발견'이 아니라 '발명'이라고 표현한 이유는 프로이트가 이미 존재하는 실체를 발견했다기보다는 설명을 위한 틀을 만들어낸 것이기 때문이다. 우리는 이미 여기에서 그의 접근 방식이 더 의학적인 관점과 어떻게 구별되기 시작하는지 알 수 있다. 프로이트의 접근 방식 중에서 잘 알려져 있고 분명하며 밀접하게 관련된 또 다른 새로운 점은 그가 환자의 말하기에 역점을 두었다는 것이다. 정신분석은 실제로 프로이트의 초기 환자 중 한 명이 만든 용어인 '말하기 치료'로 알려지게 되었으며, 이는 프로이트의 치료에서 환자의 위치 또는 역할을 강조한다. 이러한 차이를 반영하여 정신분석가들은 '환자'라는 용어를 사용하지 않는 경향이 있다. 대신 정신분석가와 함께 작업하는 사람을 '분석 주체'라고 지칭한다.

프로이트가 정신분석학에 발을 들여놓은 것은 19세기 말이었다. 1920년대에 이르러 그의 사상은 꽤 유명해지고 회자되었다.

선구자로서 프로이트의 사상은 끊임없이 진화하고 있었다는 점을 명심해야 한다. 그의 많은 논문과 저서를 읽다 보면 가장 쉽게 눈에 띄는 것이 자신의 생각에 대한 의문이다. 그는 안주하지 않았다. 그리고 프로이트의 생각에 의문을 제기한 것은 그 자신만이 아니었다. 그는 곧 정신분석적 접근 방식을 취하며 새로운 생각을 더 탐구하고, 이론과 실천에 의문을 제기하고, 발전시키고, 적용하고, 전복할 필요성을 받아들이는 사람들의 적극적 추종을 끌어모았다.

라캉이 정신과 훈련을 받을 무렵에는 프로이트의 사상이 프랑스에 도착했고 특히 정신분석에 대한 프랑스식 접근법이 등장하기 시작했다.

라캉은 수련을 마치기 전부터 이미 프로이트의 연구에 관심을 가졌고 1932년에 제출하여 출판된 그의 박사 논문에는 정신분석적 사고의 영향이 분명히 드러나 있다. 그의 박사 논문은 정신분석적 사상을 수용하고 확장한 정신의학 연구이기는 하지만 아직 진정한 정신분석 연구는 아니었다. 라캉이 완성된 박사 논문을 프로이트에게 보냈을 때 프로이트는 읽었다는 어떤 흔적도 내보이지 않았다.

정신분석의 독특한 점은 정신분석가가 되기 위해서는 정신분석을 직접 받아야 한다는 것이다. 정신분석학 논문을 제출하던 해에 최종 원고를 작성하던 라캉은 폴란드의 분석가 루돌프 로벤슈타인과 함께 분석을 시작했다. 라캉이 정신의학에서 정신분석학으로 전환한 것은 이 시점부터라고 볼 수 있다. 많은 정신분석학자나 정신분석 사상가가 그랬듯 그리고 그 이전의 프로이트가 그랬듯 라캉도 단순히 학문을 그대로 흡수하고 실천하는 데 만족하지 않았다. 그는 처음부터 그 사상과 교류하고 그것을 발전시키며 자신만의 관점과 방식을 확립하기 시작했다. 라캉은 이전에도 글을 쓰고 출판을 했지만 그의 '출현', 즉 중대한 순간으로 여겨지는 것은 1936년 8월 마리엔바트에서 열린 국제정신분석협회 International Psychoanalytic Association, IPA 총회에서 '거울 단계'에 관한 자신의 생각을 발표했을 때다. 그의 발표를 어니스트 존스가 급히 중단했는데 아마도 라캉이 할당된 시간을 초과했기 때문이었겠지만 이 사건은 라캉이 정신분석학의 주류 운동들과의 관계에서 이미 이방인으로 떠오르고 있었음을 보여주는 예시로 종종 제시되기도 한다.

여기서 '운동들'이라는 복수 표현을 강조할 필요가 있다. 이때 프로이트는 아직 살아 있었고 정신분석 사상은 여전히 새로운 것이었지만 이 분야는 이미 여러 학파나 다양한 관점으로 분열되기 시작했다. 한때 프로이트를 추종했던 사람 중 가장 유명한 융은 1912년에 이미 프로이트의 많은 가르침에서 멀어졌다. 다른 여러 정신분석가는 프로이트의 이론에서 자신만의 이론을 발전시켰고 이후 프로이트의 진정한 추종자라고 주장하는 여러 파벌 때문에 이 분야는 종종 격렬한 분열을 거듭해왔다. 한편 라캉이 정신분석학 분야에서 독창적 사상가로 부상한 것을 단순히 다른 많은 경우 중 하나로 볼 수도 있겠지만 그의 분열은 특별한 의미를 가진 측면도 있다. 수많은 차이점과 혁신이 있었음에도 여러 학파는 여전히 IPA 같은 더 광범위한 조직과 연계하며 회원 자격을 공유했다.

라캉이 1936년에 발표한 거울 단계 개념에 대한 이론은 원래의 형태로 출판된 적이 없다. 라캉은 원고를 잃어버렸다고 주장했다. 그러나 거울 단계 이론은 수년에 걸쳐 발전되었고, 1936년에 라캉이 발표한 것과 유사하게 여겨지는 형태로 그가 1936년에 출판한 백과사전 항목에서 나타난다. 그는 이 개념을 더욱 발전시켜 1949년에 현재 잘 알려진 버전을 「정신분석 경험에서 드러나는 주체 기능을 형성하는 거울 단계Le stade du miroir comme formateur de la fonction du Je telle qu'elle nous est révélée dans l'expérience psychanalytique」라는 제목으로 마침내 출판했다. 일곱 쪽 반에 불과한 이 짧은 논문은 참신한 생각을 풍부하게 담고 있으며, 라캉을 동시대 사람들과 진정으로 차별화한다. 라캉은 프로이트와 마찬가지로 결코 안주하지 않았다. 그는 끊임없이 자신의 생각을 검토하고 질문하며 발전시켰다. 따라서 그의 이론의 어느 측면을 고정하여 말하기가 어렵고 단 하나로 결정되는 라캉 이론에 대해 이야기하는 것은 불가능하다. 그러나 「거울 단계」 논문에는, 물론 전부는 아니지만 라캉이 이후 발전시킨 많은 사상의 씨앗이나 암시가 담겨 있다.

「거울 단계」 논문이 발표된 지 4년 후이자 마리엔바트에서의 발표 17년 후 라캉과 그의 추종자 다수는 그들의 관리 기관인 파리정신분석학회Société Psychanalytique de Paris, SPP를 탈퇴하고 프랑스정신분석학회Société Française de Psychanalyse, SFP를 결성했다. 이 모든 것이 몬티 파이튼 감독의 〈라이프 오브 브라이언〉의 한 장면처럼 보일 수 있겠지만 분열의 이면에 드러난 차이는 사소하지 않았다. 기억하겠지만 라캉은 정신의학이 지지하는 의학적 구조에서 점차 멀어져왔으며, 1953년의 분열은 대체로 SPP가 의학적 구조로 전환하는 것에 대한 반동이었다. 정신분석은 실천이지만 이론을 전제로 하는 실천이며 라캉은 이 이론을, 그리고 이 이론을 심문하고 발전시키고 재구성할 필요성을 매우 진지하게 받아들였다.

또한 라캉은 1953년에 파리에서 매주 강연을 개최하기 시작했다. 이 기회는 라캉이 유망한 인물, 지성인 리더, 그리고 스승으로 자리매김하는 데 기여했을 뿐 아니라 그의 발전하는 사상을 가장 명확하게 문서화하는 역할을 했다. 그의 강연은 대략 27년 동안 지속적으로 진행되었으며, 이후 출판되거나 비공식적으로 제공되었다. 강연을 개최하기 시작한 지 11년 후이자 SFP 설립 11년 후 라캉은 다시 한번 변방에 있는 자신을 발견했다. SFP는 IPA로부터 수련 기관으로 인정 받기 위해 노력 중이었다. 정신분석학계에서 이런 종류의 인정은 지위를 나타내는 중요한 지표였다. IPA는 라캉을 제명하는 조건으로 SFP를 회원 기관으로 받아들이기로 동의했다.

라캉의 죄는 정신분석 실천의 핵심적 정통 교리 중 한 가지에 문제를 제기하고 반대한 것이었다. 다양한 정신분석 학파 간에 이론적 차이, 발전, 논쟁이 있었음에도 이들은 모두 '정신분석적 시간'이라는 독특한 방식을 유지했다. 프로이트가 처음 정신분석을 정립했을 때 그는 한 번에 한 시간씩 환자 한 명과 만나는 형태를 채택했다. 이 방식은 단순한 조직적 관점에서 보면 이해가 된다. 우리가 의사라면 우리의 하루와 환자들과의 만남을 계획적으로 준비하고 싶을 것이다. 치과 의사나 부동산 중개인처럼 당신이 만나는 사람들과 명확한 약속 시간을 정하면 인생이 편해지고, 누군가가 명확한 시간에 시작하려면 그 전 사람은 당연히 명확한 종료 시간을 지켜야 한다. 또한 두 고객 사이에 약간의 완충 시간, 즉 한 사람이 떠나는 시간과 다른 사람이 도착하는 시간도(그리고 소문대로라면 프로이트 부인이 프로이트의 서재에 있는 화초에 물을 주는 시간도) 필요하다. 따라서 프로이트는 50분이라는 의례적 정신분석 시간을 정립했다. 이 접근 방식은 치과 의사나 부동산 중개인에게는 완벽하게 맞아떨어질 수 있지만 정신분석학에서는 심각한 문제를 야기한다.

정신분석 실천에는 소파에 누워 자유롭게 말하거나 자유 연상을 하는 과정이 포함된다. 분석 주체가 평소에 적용하던 자기 검열의 족쇄를 풀고 생각을 자유롭게 표현하는 것이다. 쉽게 들릴지 몰라도 실제로는 매우 어려운 일이다. 우리는 예의나 관습 또는 부끄러움 때문에 의식적으로 말을 억제하는 데 익숙하다. 게다가 정신분석의 맥락에서는 무의식도 고려해야 한다.

프로이트의 이론 전체가 무의식이라는 개념에 의존하고 있음은 틀림없는 사실이다. 즉 우리 안에 우리가 통제할 수 없는 부분, 힘 또는 구조가 있다는 생각이다. 프로이트는 어떤 생각은 너무 불쾌하거나 고통스럽거나 위협적이거나 혼란스러워서 의식이 감당할 수 없으며, 이러한 생각은 억압된다고 주장했다. 우리가 무의식을 정확히 어떻게 생각하는지는 앞으로 다시 다룰 복잡한 문제다. 공간적 또는 물질적 은유를 사용하여 무의식을 설명하는 것에는 오해의 소지가 있다. 그러나 이런 은유는 도움이 되기도 한다. 그러니 정신이 뇌가 아닌 것처럼 무의식은 머릿속 공간이 아니라는 점을 염두에 둔 채, 무의식을 통제할 수 없는 생각의 창고로 상상해 보자. 억압은 이러한 힘든 생각을 이 저장소에 맡기는 활동이다. 그러나 힘든 생각은 저장소에 머물기를 원하지 않기 때문에 다양한 순간에 (실제로 하려던 말 대신 진정한 속내를 이야기하게 되는) 말실수와 (말도 안 되는 일들이 벌어지는) 꿈으로 등장한다. 그런 다음 무의식은 힘든 생각을 억누르고, 힘든 생각은 표현을 찾기 위해 노력하는 내적 투쟁 같은 것이 계속된다. 정신분석의 작업 중 일부는 자유 연상 장치를 통해 힘든 생각이 떠오를 수 있도록 하는 것이다.

라캉은 정신분석 세션에서 엄격하고 예측 가능한 시간을 고집하면 사실상 무의식에 큰 이점을 제공하게 된다는 것을 깨달았다. 50분 동안 이야기해야 한다는 점을 아는 상태에서 정말 말하고 싶지 않은 내용이 있다면 시간이 다 될 때까지 이야기를 끌거나 주제에서 벗어나 뱅뱅 돌기가 얼마나 쉬울지는 상상할 수 있다. 무언가에 대해 이야기하고 싶지만 이야기하는 것이 다소 긴장되는 경우라면 49분 30초 동안 주변적 이야기를 하다가 세션이 곧 끝날 시점에 잠깐 언급할 수도 있다. 이런 일은 매우 의식적 차원에서 발생할 가능성이 꽤 높으며, 무의식적 차원에서 일어날 가능성은 더 높다는 것을 라캉은 알고 있었다. 억압을 유지하기 위해 작동하는 무의식은 시계를 쓸 줄 알고, 더는 아무것도 탐색할 수 없는 시점과 속내를 드러낼 시점을 맞추거나 중요한 말은 아무것도 하지 않은 채 얼마나 오래 자유 연상 과정을 견뎌내야 하는지 타이밍을 잴 수 있다. 그래서 라캉은 '짧은 세션'이라는 개념을 도입하고 자신의 추종자들과 함께 옹호하기 시작했다. 이 이름은 다소 오해의 소지가 있다. 라캉은 세션이 꼭

짧아야 한다고 제안한 것이 아니다. 그가 제안한 것은 (오히려 마리엔바트에서 자기가 겪었던 것처럼) 분석 주체의 말하기가 짧게 끊겨야 한다는 것이었다. 그의 생각은 분석 주체, 즉 분석 주체의 무의식이 세션이 얼마나 오래 지속될지 모른다면 더는 자신에게 유리하게(물론 정신분석의 목적에서 볼 때 이는 실제로 분석 주체에게 전혀 유리하지 않다.) 세션을 조정할 수 없다는 것이었다. 정신분석가는 앉아 지켜보면서 분석 주체가 더는 꾀를 부릴 수 없을 만큼 지쳐서 마침내 무의식이 말하도록 할 때까지 계속 이야기하게 할 수 있다. 또는 분석 주체가 단순히 자신에 대해 관습적으로 이야기하는 데에만 열중할 때(라캉이 '자아 말하기'라고 부르는 것) 분석가는 "나는 이런 피상적인 횡설수설에는 관심이 없다."라고 효과적으로 말을 끊어버릴 수 있다. 마지막으로 분석가는 50분이라는 관습을 거부하고 세션의 끝부분을 신중하게 활용하여 분석 주체의 주의를 다른 곳으로 돌릴 수 있다. 정신분석의 중요한 측면은 분석 작업이 분석가와의 세션 동안에만 일어나는 것이 아니라는 점이다. 당신은 필연적으로 본인이 말한 것, 분석가가 말한 것과 말하지 않은 것, 기침을 한 특정 지점, 본인이 가장 중요한 비밀이라고 생각한 것을 누설한 뒤에 분석가가 아무 말도 하지 않은 것에 대해 생각하면서 세션을 떠날 것이다. 당신이 말한 꿈의 측면들은 세션 후 몇 시간 또는 며칠 내에 이전보다 더 생생하게 또는 더 연결된 채로 돌아온다. 이해되지 않던 말도 안 되는 것들이 어느 정도 이해되기 시작하거나 이해했다고 생각했던 내용이 말도 안 되는 것으로 녹아내려 다음 세션에서 새롭게 받아들여질 것이다. 라캉은 시간 단위의 관습을 거부함으로써 세션의 시간성을 분석 자체의 적극적인 부분, 치료 방향의 일부로 만들었다. 그는 구두점을 찍어 분석을 끊었다.

이 혁신은 아마도 라캉이 국제 정신분석학계의 정설에서 벗어난 사례 중 가장 구체적이고 알아보기 쉬운 것이겠지만 유일한 사례는 아니었다. 게다가 라캉 자신도 문제의 일부였다. 카리스마 넘치는 지도자이자 열정적 혁신가였던 라캉은 추종자들에게서 상당한 충성심을 얻었으며, 이 중 상당수는 라캉과 함께 분석을 수행했다. 이러한 충성심은 개인적 측면과 지적 측면이 혼합된 것으로 보인다. 다시 말해 라캉의 추종자 중 일부는 그를 따르는 것처럼 보였지만 다른 일부는 그의 사상을 따르는 것처럼 보였으며, 대부분은 이 두 가지가 혼합되었을 가능성이 높다. 라캉의 스타일이나 성격에 관한 단순한 흥밋거리 이상으로 이 구분이 중요한 이유는 바로 여기에 있다. 라캉이 화려한 인물이었다는 것은 의심할 여지가 없다. 그는 비범하게 총명했으며, 조금도 오만하지 않았다. 그는 정신분석학계와 정신분석학을 넘어 프랑스 지성계에서 자신의 위치에 대해 매우 염려했던 것으로 보인다. 동시에 프로이트의 이론과 실천에 대한 그의 생각과 건설적 비판은 엄격하게 숙고되었고 깊은 윤리적 사고에 기반을 두고 있었다. 라캉의 태도, 처신, 그리고 행동이 정신분석학계에서 그를 바라보는 시각에 어떤 영향을 미쳤든 그의 사상이 미친 영향은 결코 줄어들 수 없다.

    IPA는 오랜 검토와 심의를 거친 후 1963년 SFP가 라캉과 다른 여러 사람을 제명하는 조건으로 SFP를 회원 기관으로 인정하는 데 동의했다. 이미 언급했듯 라캉은 1953년부터 주간 강연을 개최했다. 강연은 파리의 정신병원이자 교육 센터인 생트-안느병원에서 열렸다. 1963년 SFP에서 제명된 라캉은 강연을 중단하고 새로운 장소를 찾아야 했다. 그는 사르트르, 데리다, 푸코, 부르디외 등 유명한 사상가가 모인 고등사범학교에서 세미나를 계속할 수 있도록 주선해준 저명한 마르크스주의 철학자 알튀세르에게 의지했다. 이러한 장소의 변화는 라캉이 수용되는 양상의 변화로도 이해할 수 있다. 정신분석 실무자들에게서 주목을 받고 수용되던 라캉의 사상과 영향력은 파리의 지식인 사이에서 더 많은 청중을 확보하게 되었다. 1968년 파리 봉기 이후에는 파리대학으로 강연 장소를 옮겨야 했다. 그의 저술과 가르침은 결코 정신분석의 실천에 대한 초점을 잃지 않았지만 정신분석계가 아닌 지식인 사회와 학계에서 그가 받아들여진 방식을 보면 그가 전하려 했던 내용이 임상 실무자의 관심사를 훨씬 넘어섰음이 분명하다.

    이러한 폭넓은 영향력은 라캉이 영향을 받은 요소들, 그의 글과 강연에서 언급된 종종 모호하며 수많은 참조 속에 항상 존재했다. 프로이트의 작업에는 직접적이지는 않더라도 항상 철학의 영향이 담겨 있었다. 프로이트의 이론적 방향의 대부분은 19세기 독일 철학자 아르투어 쇼펜하우어의 사상을 따르는 것으로 볼 수 있다. 쇼펜하우어는 억압의 역할, 정신의 구조, 심지어 가장 프로이트적 개념인 프로이트식 말실수(또는 적절한 이름을 붙인다면 착행증parapraxis)와 같이 우리가 가장 프로이트적인 것으로 이해하게 된 많은 생각을 광범위하게 예상했다. 프로이트는 쇼펜하우어의 사상이 반영된 것으로 보이는 이론을 발전시킨 후 말년에 이르기까지 쇼펜하우어를 읽었다는 사실을 부인한 것으로 유명하다. 그러나 쇼펜하우어의 영향은 프리드리히 니체와 같이 프로이트와 친분이 있었던 것으로 알려진 다른 작가들을 통해 전해졌을 수도 있다.

라캉의 철학 지식은 훨씬 더 명백하며, 그가 받은 영향은 여러 면에서 훨씬 더 분명하다. 젊은 시절 그는 스피노자를 공부했다. 나중에는 모든 세대의 프랑스 지식인들에게 헤겔을 소개하고 프로이트와 헤겔의 사상을 종합한 사상을 내놓았던 알렉상드르 코제브의 강연을 들었다. 라캉은 폭넓고 깊이 있는 독서를 했으며, 개인 철학 교사를 고용하기도 했다. 라캉이 의학적-정신과적 시작과는 전혀 다른 방향으로 발전할 수 있었던 것은 바로 이러한 철학과의 교감 덕분이다. 라캉의 작업은 항상 정신분석에 초점을 맞추고 있으며, 프로이트의 글과 직접적으로 연관되는 경우가 많다. 그러나 철학에 초점을 맞추고 데카르트, 플라톤, 헤겔, 비트겐슈타인 등의 글과 직접적 교류를 하는 경우도 많았다. 게다가 라캉이 활동하던 집단, 즉 파리의 활기찬 지적 분위기에는 라캉의 사상에 영감을 받은 많은 철학자(사르트르, 들뢰즈, 데리다 등)가 포함되어 있었고 라캉도 이들의 연구에 영감을 받았다.

20세기 초 프랑스 철학계를 지배한 핵심 질문은 주체성에 관한 것이었다. 즉 '사람이란 무엇인가?' 하는 이 질문이 철학과 정신분석학을 어떻게 연결하는지는 어렵지 않게 알 수 있다. 라캉의 중요성은 이 질문에 답하고 이론화하여 주체에 대한 새롭고 일관된 이론을 만들어내려는 그의 노력에 있다.

1장에서는 라캉의 배경과 그의 연구가 정신분석의 발전에 어떻게 부합하는지 살펴보았다. 핵심 개념은 다음과 같다.

- 정신분석은 정신의학과 달리 의학적 구조를 따르지 않는다.
- 정신분석의 참신함 중 핵심은 무의식에 대한 개념과 언어에 대한 강조다.
- 지속적으로 발전해온 라캉의 사상은 다른 형태의 정신분석과 차별화된다.

- 라캉의 정신분석과 다른 정신분석의 중요한 차이점은 라캉이 기존의 세션 길이를 버렸다는 점이다. 이를 통해 그는 세션의 시간성을 분석 자체의 일부로 만들 수 있었다. 이 때문에 라캉은 정신분석 기관의 중심인 IPA에서 배제되기도 했다.
- 라캉의 사상은 정신분석학을 넘어 철학의 영향을 받았으며 정신분석학계뿐 아니라 철학계에서도 많은 청중을 확보하고 있다.
- 주체성의 문제는 정신분석과 철학을 잇는 가교 역할을 하며, 라캉의 주체성 이론은 세계 사상에 가장 중요한 공헌을 한 이론 중 하나다.

2장. 철학적 맥락

데카르트부터 시작해보자. 유럽 철학이 데카르트에서 시작된 것은 분명 아니지만 데카르트는 철학을 처음부터 다시 시작하는 임무를 스스로에게 맡겼다. 데카르트는 16세기 말에 태어나 1650년 사망할 때까지 프랑스와 네덜란드에서 살았다. 이 시기는 유럽 지성 생활의 격동기였다. 약 6세기 동안 유럽은 봉건제 아래서 로마 가톨릭교회의 지배를 겪었다. 사회와 종교의 이러한 결합은 유럽 사회가 엄격하게 계급적이라는 것을 의미했다. 만약 당신이 농민이라면 문맹이었을 것이고, 해야 할 일에 필요한 기술에 대해서만 교육 받으며 짧고 가난한 삶을 살아야 했을 것이다. 사회적 이동성이라는 개념은 존재하지 않았다. 농민으로 태어나면 농민으로 살다가 농민으로 죽어야 했다. 군대에 징집되어 싸울 수도 있었겠지만 선택의 여지가 없었거나 적어도 당신이 선택할 수 있는 일은 아니었을 것이다. 상인 집안에서 태어났다면 더 풍요로운 삶을 누렸을지 모르지만 선택의 폭이 그리 넓거나 자유가 많지는 않았을 것이다. 사회 계층이 높을수록 더 많은 권력을 가질 수 있었지만 사회에서 각자가 자신의 자리에 태어났다는 개념은 근본적이었다. 비슷한 계층 구조가 당시 종교인 로마 가톨릭을 구성했다. 계층 구조의 최상위에는 신이 있었고 신 아래에는 교황, 추기경, 주교, 사제, 그리고 사제 아래에는 민중이 있었다. 문해력은 부유층과 교회의 전유물이었기 때문에 하나님의 말씀(성경)은 다른 많은 것과 마찬가지로 최상위에 있는 사람들만 접할 수 있었고, 그들은 아랫사람들에게 말씀을 전달하거나 그들을 위해 그 의미를 결정했다.

이 시기 유럽의 철학도 비슷하게 교회가 통제했다. 성직자와 귀족처럼 문해력을 갖춰 책을 접할 수 있는 사람만이 사상을 생산하고 해석할 수 있었던 이 시대에는 사상의 생산과 해석이 거의 독점적으로 기독교 전통에서 이루어졌다. 이 시대의 가장 중요한 두 사상가는 성 아우렐리우스 아우구스티누스와 성 토마스 아퀴나스였다. 아우구스티누스는 북아프리카의 부유한 가정에서 태어나 수사학, 그러니까 논증을 가르치는 교사가 되었다. 그의 어머니는 기독교인이었지만 그 자신이 기독교로 개종하고 세례를 받은 후 안수를 받아 결국 히포(지금의 알제리)의 주교가 된 것은 나중의 일이다. 아우구스티누스는 많은 글을 썼고, 사후 수세기 동안 글을 통해 유럽의 신학에 큰 영향을 미쳤다. 아우구스티누스는 그리스어를 완벽하게 습득하지 못했지만 그의 사상은 플라톤의 영향을 많이 받았다. 환원주의자로 여겨질 위험이 있었음에도 그는 플라톤 철학의 기초를 기독교와 혼합하였으며 그 과정에서 기독교에 더 견고하고 사려 깊은 기초를 제공했다고 할 수 있다. 다른 각도에서 보자면 기독교가 지배하는 사회에서 플라톤의 사상이 지속될 수 있도록 했다고도 말할 수 있다.

아우구스티누스는 또한 흥미롭게도 우리에게 『고백록 Confessiones』이라는 형태로 세계 최초의 자서전이라는 유산을 물려주었다. 『고백록』은 목적 의식이 있고 개별적 궤적을 가진 개인의 삶을 제시한다는 점에서 주목할 만하다. 모든 서점이 기념 자서전으로 가득 차 있고 개인의 삶이 일관되고 개별적인 여정이라는 생각이 널리 받아들여지는 21세기의 우리에게 이는 다소 당연한 생각처럼 보일 수 있다. 하지만 4세기에는 이러한 생각이 당연한 것이 아니었다. 사람들 대부분의 삶은 그다지 여정이 아니었던 데다 그런 식으로 생각했을 것이라고 믿을 만한 이유도 거의 없다. 선택의 여지가 없다면 어떤 의미에서 자신의 삶을 의미 있는 여정으로 생각할 수 있을지 알기 어렵다. 또한 정신분석학에 대해 생각한다면 아우구스티누스가 『고백록』에서 말하는 삶은 그저 이야기일 뿐이라는 점에도 주목할 필요가 있다. 그것은 이야기다. 사실이 아니라는 말이 아니라 사실이든 아니든 이야기는 선택과 구조화 그리고 말을 통해 표현되어야 하며, 이는 정신분석 클리닉에서 일어나는 일과 다소 유사하다는 뜻이다.

아퀴나스는 아우구스티누스와 종종 함께 거론되지만

그보다 약 900년 후에 살았다. 아우구스티누스와 마찬가지로 아퀴나스도 그리스 사상의 영향을 많이 받았다. 아우구스티누스의 사상이 플라톤주의의 기독교화라고 할 수 있다면, 아퀴나스는 플라톤의 제자 아리스토텔레스에게서 가장 큰 영향을 받았다. 그는 아리스토텔레스에 대해 명시적으로 글을 썼고 그의 주요 사상에 대한 해설과 해석을 내놓았을 뿐 아니라 아리스토텔레스의 영향을 받은 독창적 작업도 생산했다. 그 대표적 예로 영혼과 육체에 대한 아퀴나스의 사상을 들 수 있다. 아리스토텔레스에 이어 아퀴나스는 영혼과 육체는 구별되며, 영혼과 육체가 결합해야만 인간이라고 할 수 있다고 주장한다. 따라서 죽은 몸은 엄밀히 말하면 영혼이 떠났기 때문에 인간이 아니라 '전 인간ex-human'이라는 것이다. 아리스토텔레스는 물질과 형태, 즉 어떤 사물이 만들어지는 물질과 그 물질이 취하게 되는 형태를 구분했다. 플라스틱은 물질이라고 볼 수 있고, 형태는 플라스틱으로 만들 수 있는 모든 다양한 것이다. 인간의 몸(또는 잠재적으로 인간의 몸인 것)은 물질이 영혼과 결합할 때 비로소 인간의 몸이 된다. 아퀴나스에게 영혼은 실체적 형태지만 물질 그 자체는 아니다. 영혼은 육체의 물질을 특정한 인간 실체로 바꾸는 존재다. 따라서 인간을 구별 짓는 것은 영혼이다. 아리스토텔레스에 이어 아퀴나스는 인간은 합리적 존재로서 고유한 위치를 차지한다고 주장한다. 이 합리적 차원을 집약한 것이 바로 영혼이다.

여기서 우리는 아퀴나스를 통해 전해진 아리스토텔레스의 영향이 우리가 명백히 종교적이라고 생각하는 문제뿐 아니라 세계 자체에 대한 이해나 설명에까지 이르는 것을 확인할 수 있다.

아리스토텔레스는 엄청난 다학자였다. 그는 윤리와 정치뿐 아니라 언어, 물리학, 자연계에 대해서도 글을 썼다. 그는 식물과 동물을 분류했으며 그가 확립한 많은 분류법이 오늘날에도 여전히 사용된다. 원소와 물리적 성질에 대한 그의 생각은 중세 시대에도 그대로 유지되었다. 아리스토텔레스는 세계가 불, 물, 흙, 공기, 에테르의 다섯 가지 기본 원소로 구성되어 있다는 생각을 제안했다. 모든 고체는 대부분 흙으로 구성되어 있다, 액체는 대부분 물로 구성되어 있다, 그 외 등등. 아리스토텔레스는 중력에 대한 설명을 추가로 제안했다. 그는 각 원소가 자기 유형에 속한 고유의 자연적 휴식처로 향하는 경향이 있다고 주장했다. 성냥을 그으면 쉽게 관찰할 수 있듯 불은 태양을 향해 위로 이동한다. 물과 흙은 아래로 이동한다. 물 한 잔을 엎으면 물은 테이블에서 흘러 바닥으로 떨어진다. 가능하다면 배수구, 하수도, 그리고 결국 바다로 흘러갈 것이다. 사과나 단단한 물체는 바닥으로 떨어지고 가능한 한 가장 낮은 곳까지 계속 떨어지거나 굴러떨어진다. 이 중력 이론은 꽤 매력적이다. 어느 정도 일리가 있다. 그러나 이 이론은 중력의 균일성과 무거운 물체와 가벼운 물체가 같은 속도로 떨어진다는 사실을 더 잘 설명하는 아이작 뉴턴의 설명으로 대체되었다.

뉴턴의 연구는 데카르트가 사망한 직후에 등장했지만 수백 년 동안 빠르게 진행되어온 유럽 사상의 변화 궤적 중 일부로 이해할 수 있다.

1440년 요하네스 구텐베르크는 이동식 인쇄기를 발명하여 사상의 전달에 일대 혁명을 일으켰다. 이때까지 모든 글쓰기는 말 그대로 글쓰기에 불과했다. 책은 손으로 베끼는 고된 작업을 통해 재생산되었다. 이 작업은 수도사들이 수행했으니 교회가 복제할 수 있는 것과 복제할 수 없는 것에 대해 얼마나 엄격한 잣대를 들이댔을지 쉽게 알 수 있다. 게다가 사람들 대부분은 글을 읽을 수 없었고 모든 책을 손으로 써야 했기 때문에 읽을 책이 많지 않았다.

로마 가톨릭교회의 지배는 1517년 마틴 루터가 가톨릭 교회의 관행과 신념에 대해 95개 조항으로 구성된 95개 논제를 발표하면서 크게 문제시되었다. 교회에는 엄격한 위계질서가 있었으며 교황은 신과 백성 사이의 문지기로 이해되는 존재였음을 기억하자. 교황은 신과 직접 소통할 수 있었다. 교황은 추기경과 소통하고, 추기경은 주교와 소통하고, 주교는 사제와 소통하고, 사제는 백성에게 설교하는 식이었다. 루터는 무엇보다도 이러한 위계질서에 반대하며 각 인간이 각자의 교황이라고 주장했다. 우리 각자가 하나님께 직접 접근할 수 있다는 것이다. 이는 하나님의 본질에 대한 단순한 의견 불일치가 아니다. 이 사건은 교회의 근간을 흔들었고 개신교라는 새로운 형태의 기독교를 탄생하게 했다.

구텐베르크의 인쇄술과 결합된 신과의 관계에 대한 새로운 사고방식의 등장은 세상에서 인간의 위치에 대한 대안적 이해가 널리 퍼진다는 것을 의미했다. 교회의 위계질서에 반대하고 개인의 책임을 옹호하는 논리가 국가에 적용되면서 현대 민주주의의 씨앗이 싹트기 시작했음을 알 수 있다. 유럽의 상당 지역이 교회의 권위에서 분리되기 시작했고 이는 30년 전쟁을 촉발했다.

사람들과 신의 관계와 세상에서 그들의 위치에 대한 의문이 제기되기 시작했을 뿐 아니라 세상 자체의 본질과 우주에서 세상이 차지하는 위치에 대한 문제도 재고되고 있었다. 1543년 니콜라우스 코페르니쿠스는 태양중심설에 관한 논문을 발표했다. 태양중심설은 태양이 만물의 중심에 있다는 생각이다. 이때까지 유럽인의 생각은 지구가 모든 것의 중심이라고 믿는 철저한 지구중심주의였다. 여기서도 교회의 지배가 중요한 문제다. 성경은 신이 자신의 형상대로 인간을 창조했다는 생각을 제시함으로써 인간이 하나님의 창조물 중 가장 중요하다고 암시한다. 따라서 인간의 고향인 지구는 우주에서 가장 중요한 장소임이 분명하다. 그렇다면 개념적 차원에서 모든 것이 인간을 중심으로 도는 것처럼 생각할 때 물리적 차원에서 모든 것이 지구를 중심으로 돈다는 생각은 당연해 보인다. 코페르니쿠스는 후자에 의문을 제기함으로써 전자에 대해서도 암묵적으로 의문을 제기한다. 코페르니쿠스의 사상이 교회에 본격적으로 영향을 미치는 데는 그의 사상이 갈릴레오 갈릴레이에 의해 발전되고 옹호되기까지 약 70년이 걸렸다.

데카르트 시대에 이르러 이러한 발전들이 신학, 철학, 자연과학, 정치에 받아들여지기 시작했다. 이는 사상의 해방기, 즉 훗날 '계몽기'라고 불리게 된 시대로 널리 인식되었다. 이 시기는 우리가 현대 과학이라고 여기는 것의 시작이자 여러 면에서 현대 세계라고 여기는 것의 시작이었다. 이러한 맥락에서 데카르트는 철학을 다시 시작해야 한다는 결론에 도달했다.

세상을 이해하는 방식에 많은 변화가 일어나고 있었기 때문에 데카르트는 모든 것에 의문을 제기하는 것이 현명하다고 생각했다. 그동안 진리라고 배워왔던 많은 것이 거짓으로 밝혀진다면 말 그대로 당연하게 받아들일 수 있는 것은 아무것도 없다고 생각했다. 거짓으로 밝혀지지 않은 것들조차도 거짓으로 판명될 가능성이 상당히 높아 보였다. 그래서 그는 이전 철학자들의 가르침에 의존하지 않는 새로운 철학을 구축하기 시작했다.

그의 새로운 철학 혹은 그 기초는 그의 『제일철학에 관한 성찰Meditationes de prima philosophia』에 담겨 있다. 이 책은 일련의 명상 혹은 사고 실험 여섯 개로 구성되어 있으며, 일기처럼 쓰였다. 첫째 날, 그는 지금까지 배운 어떤 것도 신뢰할 수 없다는 사실을 문제 삼는다. 그는 이러한 의심을 자신이 배운 것을 넘어 즉각적 경험에까지 확장한다. 그는 꿈을 꾸고 있을 때 꿈속에서 현실로 받아들인 세계를 경험한다고 말한다. 그렇다면 자신이 꿈속에 있지 않다는 것을 어떻게 확신할 수 있을까? 그가 주변 세계의 현실을 입증하기 위해 찾은 모든 증거와 그 경험 역시 꿈의 일부일 수 있다. 그래서 그는 자신이 확신할 수 있는 무언가를 찾을 때까지 모든 것을 의심하기 시작한다. 자신이 배운 것, 자신의 감각, 주변 세계, 다른 사람들의 현실을 의심한다. 모든 것을 다 의심한다. 그러나 그는 아무리 의심해도 한 가지는 진리로 남는다는 것을 깨닫는다. 자신이 이 의심의 과정에 참여하고 있다는 사실 말이다. 이는 모든 의심에도, 이 모든 의심을 하고 있는 한 그가 어떤 현실을 가지고 있음은 분명하다는 것을 암시하는 듯하다.

둘째 날, 그는 이러한 의심의 생각을 하는 것은 아마도 그 자신이 아니며 어떤 사악한 악마가 자신에게 이러한 생각을 심어주고 있다는 가정으로 생각을 시험해본다. 이는 본질적으로 두 워쇼스키 감독의 영화 〈매트릭스〉의 기초가 된다. 영화에서 네오는 자신의 존재가 모두 가짜였으며, 실제로는 포드pod 안에서 혼수상태에 빠져 자신(더 나아가 우리)이 현실로 받아들이는 것을 생성하는 악의적 인공지능 네트워크에 연결되어 있다는 사실을 알게 된다. 하지만 데카르트는 이러한 수준의 현실에서 생각의 그릇으로만 존재할지라도 자신이 존재하는 것이라고 결론지었다. 네오가 경험한 현실이 환상으로 밝혀졌다고 해서 네오 자신이 사라지는 것은 아니다. 자기 안에서 네오는 사람으로서 계속 존재한다. 데카르트도 마찬가지다. 그가 자기 생각의 저자가 아니더라도 그 생각은 여전히 그의 안에 존재하므로 그는 존재함이 틀림없다. 자신이 가진 생각이 존재하기 위해서는 자신도 존재해야 한다는 결론을 내린 데카르트는 이것이 어떤 종류의 존재인지 묻는다. 그의 결론은 그가 생각하는 존재로서 존재한다는 것이다. 그것이 그가 확신할 수 있는 가장 확실한 것이다. 그의 몸은 환상일 수 있다. 그가 가진 특정한 생각조차도 환상일 수 있다. 그러나 그가 생각을 하고 있다는 사실은 남아 있다. 이것은 그의 라틴어 문구 "코기토 에르고 숨 cogito ergo sum"으로 가장 일반적으로 요약된다. 실제로 책에 나오지는 않지만 추후 책에 관한 비판에 데카르트가 답변할 때 등장하는 이 문구는 일반적으로 "나는 생각한다. 그러므로 나는 존재한다."로 번역된다. 아마 "나는 생각하고 있다. 그러므로 존재한다."가 조금 나은 번역일 것이다. 이 두 번째 번역의 장점은 활동, 즉 사고에 중점을 둔다는 점이다.

  그런 다음 데카르트는 『제일철학에 관한 성찰』의 다음 장들 혹은 다음 날들로 넘어가서 신의 존재, 자유 의지의 필요성, 수학적 진리, 그리고 마침내 몸과 마음의 구별에 대해 계속 숙고한다. 처음에 그는 모든 것을 의심했지만 생각하는 존재로서의 자기 존재는 그가 확신할 수 있는 유일한 것이 아니라 첫 번째 것이었던 듯하다. 그는 신이 존재한다는 것

역시 확실하게 증명할 수 있다. 데카르트는 불완전하므로 신과 같은 완전한 존재에 대한 개념을 스스로 창조할 수 없었다. 따라서 신은 완전한 존재로서 반드시 존재한다. 신의 존재는 자유 의지의 필요성을 증명하게 해준다. 신은 완벽하므로 실수를 할 수 없다. 우리 인간은 완벽하지 않기 때문에 실수를 할 수 있다. 실수를 한다는 것은 이렇게든 저렇게든 선택할 수 있는 능력을 포함한다. 이것이 바로 자유 의지다. 그는 또한 특정 수학적 진리가 확실하다는 것을 보여준다. 예를 들어 경험과 관계없이 삼각형의 내각의 합은 항상 180도다. 이것을 우리는 분석적 진리라고 부를 수 있으며, 이는 보통 수학이라고 여기는 범위를 넘어 논리나 이성의 우위를 어느 정도 뒷받침한다.

그러나 데카르트의 사상 중 가장 유명하고 영향력 있는 사상은 생각하는 존재로서의 자기를 입증한 것이다. 앞서 살펴본 것처럼 루터가 신과의 관계에서 인간의 개념적 위치를 바꾸고 코페르니쿠스와 갈릴레오가 태양과의 관계에서 지구의 개념적 위치를 바꿨다면, 데카르트는 인간을 자기 세계의 개념적, 절대적 중심으로 설정했다. 더 정확히 말하자면 데카르트는 스스로를 자기 세계의 절대적 중심으로 설정했다. 데카르트의 『제일철학에 관한 성찰』은 그가 수행한 사고 실험을 일인칭 시점에서 서술한 기록이다. 따라서 엄밀히 말하면 그의 주장과 결론은 오직 자신에게만 적용된다. 데카르트는 자신이 생각하는 존재라는 것을 증명한다. 그는 여러분이 생각하는 존재라는 것을 증명하지 않는다. 이를 입증하려면 여러분 자신이 그와 함께 그의 사상을 따라가면서 동일한 사고 실험에 참여하고 동일한 결론을 도출해야 한다. 데카르트의 '코기토'에 대한 생각은 많은 사람에게 영향을 미쳐서 사람이란 무엇인가에 대한 상식적 개념을 대변하게 되었다. 지금도 우리가 무엇인지 생각할 때 우리는 대부분 데카르트적 방식으로 생각한다.

    데카르트의 주장이 우리에게 주는 것은 우리 존재에 대한 확신만이 아니다. 데카르트의 사상을 따라가다 보면 우리는 인간 존재를 주로 이성적 존재로 보는 관점에 도달한다. 많은 사람에게 데카르트의 사상은 다소 엉뚱해 보일 수 있다. 누가 자신이 알고 있는 모든 것, 자신이 존재하는 모든 것, 자신이 믿는 모든 것에 의문을 제기할 필요성을 느끼겠는가? 누가 꿈과 현실을 구분하려고 애쓰겠는가? 그런 의미에서 데카르트의 생각은 전혀 합리적이지 않은 것처럼 보인다. 하지만 경험보다는 논리를 근거로 삼는다는 점에서 그의 생각은 합리적이라고 할 수 있다. 데카르트는 모든 주어진 것을 무자비하게 배제하고 오로지 이성적 사고에 근거하여 세계를 재구성한다. 그러므로 이는 경험과 물리적 세계에 근거를 두는 경험주의 철학 체계와는 대조적으로 강력한 이성적 철학 체계다. 데카르트의 체계에서 인간은 본질적으로 이성적 존재다. 즉 우리는 본질적으로 물리적이지 않다. 또는 본질적으로 비합리적이지 않다.

데카르트가 제시한 인간 개념은 "코기토 에르고 숨"이라는 라틴어 문구에서 유래한 '코기토'로 알려지게 되었다. 인간은 엄격하게 이성적인 존재일 뿐 아니라 환원 불가능한 존재이기도 하다. 이러한 환원 불가능성을 원자론이라고 한다. 원자론이라는 단어는 고대 그리스어 '아토몬atomon'에서 유래한 것으로 나눌 수 없거나 절단할 수 없는 존재라는 뜻이다.

많은 그리스 철학자는 현실이 무엇으로 구성되어 있는지 이해하는 데 관심을 가졌다. 세계를 조각 단위로 분해하면 결국 우주의 기본 구성 요소, 다시 말해 더는 나눌 수 없는 조각, 즉 원자에 도달할 수 있을 것이다. 데카르트도 이와 비슷한 작업을 진행했는데 여기서 중요한 차이점은 데카르트는 세상의 사물보다는 생각하는 사람과 생각하는 행위에 초점을 맞췄다는 것이다. 외부가 아닌 내부로 눈을 돌렸다고 할 수 있다. 데카르트가 자신의 책 제목을 『제일철학에 관한 성찰』이라고 지었음을 기억하자. 그는 '코기토' 또는 핵심 자아를 다른 모든 철학적 사고에 필수적이거나 논리적인 출발점으로 제시하고 있다. 자아가 우선이다.

이 생각은 유럽 철학에서 상당한 주목을 받았으며, 임마누엘 칸트에 의해 발전된 것으로 유명하다. 데카르트와 칸트 사이에서 '코기토'는 유럽 철학의 가장 핵심적 사상 혹은 적어도 핵심 사상 중 하나로 이해된다. 영어권에서는 데카르트의 영향력이 약간 덜한 편이며, 그곳의 철학자들은 모든 것의 출발점이 물리적 세계라는 경험주의에 더 많은 관심을 기울였다. 신기하게도 근본적으로 다른 이 두 출발점은 결국 비슷한 지점에 도달한다.

'의식'이라는 용어를 만들어낸 것으로 알려진 영국의 철학자 존 로크는 마음은 백지 상태, 즉 '타불라 라사tabula rasa'라는 유명한 가설을 세웠다. 여기서 로크가 말하는 것은 우리는 아무것도 모른 채 태어나며, 세상에 대한 우리의 모든 생각과 이해는 우리 외부에서 온다는 것이다. 로크는 데카르트처럼 세상을 의심하지는 않지만 이 매우 중요한 차이점을 제쳐두면 데카르트와 마찬가지로 개인을 모든 것의 중심이라고 생각한다는 점에서 놀라울 정도로 비슷한 위치에 있다. 당대의 두 가지 큰 철학 사조인 합리주의와 경험주의가 모두 개인이 중심이라는 데 동의한다는 점을 감안하면 이 사상이 엄청난 영향력을 가지고 있음을 알 수 있다. 데카르트나 로크에서 출발한 '코기토'는 개인의 위치를 옹호하는 자유민주주의 같은 정치 이데올로기와 개인이라는 개념으로 모든 분야를 규정하는 심리학이라는 학문 분야를 통해 이어져왔으며, '코기토'의 유산이 오늘날에도 남아 있는 것은 아마도 이러한 열렬한 옹호자들 덕분이었을 것이다. 이는 꽤 상식적인 입장이 되었다.

하지만 모든 사람이 이 입장을 받아들인 것은 아니다. 데카르트보다 약 200년 후인 18세기 말과 19세기 초에 저작 활동을 한 게오르크 헤겔은 자신이 모든 것의 시작이자 개념적 중심이라는 결론에 이의를 제기했다. 헤겔은 데카르트와 로크에 맞서 자신은 다른 사람과의 관계 속에서 생겨난다고 주장했다. 따라서 자신은 출발점으로 이해될 수 없다. 자신은 항상 타자와의 만남에서 부차적으로 생겨나는 존재다. 이러한 생각은 흔히 '주인-노예 변증법'이라고 불리는 것에서 가장 잘 드러난다. 문제의 구절은 헤겔의 대작인 『정신현상학Phänomenologie des Geiste』(독일어 '지이스트geist'를 어떻게 번역하는가에 따라 『영혼 현상학』으로 번역되기도 한다.)의 한 장에 나오는데 이 장의 제목은 「자의식」이고 관련 절은 '주권과 속박에 관하여'다.

헤겔의 기본 요점은 우리의 완전한 의식이라는 가능성에 불을 붙이려면 다른 사람의 존재가 필요하다는 것이다. 헤겔이 말한 것처럼 우리는 동물적 의식과 비슷한 것을 지니고 있으며, 완전한 의식(또는 헤겔이 '자의식'이라고 부르는 것. 그러나 여기서 자의식은 새 청바지가 잘 어울리지 않는 것 같은 느낌을 말하는 것이 아니다.)을 확립하기 위해 타인의 인정을 구한다. 그렇다면 이 움직임의 핵심은 욕망이다. 무엇보다도 우리는 다른 사람에게서 무언가를 욕망한다.

문제는 헤겔이 말하듯 이것이 간단하고 행복한 거래가 아니라는 점이다. 이 두 네안데르탈인의 만남은 상호 인정으로 해결되지 않는다. 진정한 인정을 얻기 위해서는 인정을 줄 수 있는 위치에 있는 누군가에게서 인정을 받아야 한다. 당신이 가치를 인정하지 않는 사람 혹은 당신이 인정 받기 원하는 방식으로 가치를 인정하지 않는 사람에게 인정 받는 것은 진정한 가치가 없다. 나는 내 고양이로부터 어느 정도 인정을 받을 수 있겠지만 그가 아무리 사랑스럽더라도 사람이 아니라 고양이일 뿐이다. 내가 어떻게든 새 라디에이터를 성공적으로 설치하면 배관공이 아닌 친구들에게서 칭찬을 받을 수는 있지만 배관공이 아닌 친구들은 이 설치의 난이도에 대해 제대로 알지 못하기 때문에 그들의 칭찬은 나에게 필요한 만큼의 무게감을 갖지 못한다. 익숙하지 않은 이 작업의 땀과 좌절, 그리고 궁극적 성공을 견뎌낸 내가 원하는 것은 내가 겪은 과정과 고통을 진정으로 이해하는 사람의 인정이다. 헤겔의 이야기에서는 집 배관의 수리보다는 조금 더 심오한 문제지만 그 원리는 동일하다.

원시인은 자신이 필요로 하는 인정을 줄 누군가를 찾아 사바나를 헤매고 다닌다. 그가 찾은 상대방도 마찬가지로 인정을 받고 싶어 한다. 두 원시인 중 어느 한쪽이 다른 쪽을 인정해준다면 그들은 스스로를 종속적 위치에 놓게 된다. 헤겔에 따르면 그 결과는 무력으로 서로를 종속하려 애쓰는 죽음의 전투다.

우리는 이 시나리오가 여러 번 반복되어 한쪽이 다른 쪽을 죽을 때까지 공격하는 모습을 상상할 수 있다. 죽음에 이르는 전투의 문제점은 전투가 끝나면 원하는 인정을 해줄 사람이 아무도 남지 않는다는 것이다. 패배한 쪽이 곧 죽을 것을 깨닫고 멈춰 살려달라고 애원하는 상황에서만 인정을 위한 싸움이 이루어질 수 있다. 하지만 여기에도 문제가 있다. 패배한 쪽은 이제 승자의 노예가 되어 승자를 승자로, 나아가 주인으로 인정한다. 문제는 주인의 입장에서 보면 그들이 얻은 것은 노예의 맹종적 인정이라고 할 만한 것뿐이라는 사실이다. 이 인정은 그들이 원한 가치를 담고 있지 않다.

그럼에도 어떤 일이 일어난다. 주인과 노예의 관계가 확립되면서 사회의 변화라고 부를 만한 변화가 일어난다. 이를 기반으로 새로운 형태의 사회가 등장한다. 헤겔의 이야기는 노예가 노동에 투입되고, 결국 죽음과 대면하고 세상에 참여함으로써 주인보다 더 실질적 형태의 자의식을 갖게 되는 것으로 이어진다. 하지만 여기서 우리가 주목해야 할 몇 가지 사항이 있다. 우선 자기 인식 또는 자기 이해는 다른 사람과의 교류를 통해 나타난다는 사실, 그리고 이러한 교류의 바탕은 조화롭지 않으며 공격성, 경쟁, 위협으로 물들어 있다는 사실이다.

2장에서는 라캉의 사고에 대한 철학적 배경을 살펴보았다. 주요 개념은 다음과 같다.

- 아우구스티누스와 서술된 삶에 대한 생각.
- 아퀴나스와 아리스토텔레스가 유럽 사상에 미친 영향.

- 데카르트와 개인은 자기 세계의 중심에 있는 분할할 수 없는 실체라는 그의 관념.
- 로크와 원초적으로 백지 상태인 의식과 정신에 대한 그의 개념.
- 헤겔과 우리 자신에 대한 생각은 타자와의 만남을 통해 생겨난다는 그의 개념.

3장. 거울 단계

라캉은 헤겔의 이야기를 기초로 하여 현시대의 존재를 이해하는 데 적용한다. 라캉은 헤겔 신화의 원시 인간처럼 우리 각자가 인정을 받거나 사랑을 구하는 데서 출발한다고 주장한다. 헤겔의 글에서 명시적으로 선언되기보다는 암시되는 핵심 통찰 중 하나는 욕망이 우리가 서로를 만나게 하는 동기라는 생각이다. 조금 다른 방식으로 표현하면 라캉의 해석에서는 타자와의 만남이 욕망의 출현과 동시에 일어난다.

라캉은 "욕망은 타자의 욕망이다."라는 유명한 말을 남겼다.(Lacan, 1977: 312) 이 말은 여러 의미로 읽힐 수 있고, 실제로 그렇게 읽어야만 하는 말 중 하나다. 라캉이 말하는 바는 우리가 욕망하는 일차적(핵심적이며 첫 번째라는 의미에서)인 것은 타자이며, 대개는 어머니라는 의미로 이해할 수 있다. 동시에 그는 욕망은 우리가 타자에게서 배우는 것이라고 말한다. 우리는 우리가 욕망하는 방식이나 욕망하는 것을 다른 사람들이 욕망하는 방식을 따라 모방한다. 이 기능은 유명인의 광고 출연이나 영화 속 제품 배치에서 볼 수 있다. 어떤 드레스가 멋져 보이는데 이는 마고 로비가 레드 카펫에서 입었기 때문이다. 어떤 자동차가 멋져 보이는데 이는 라이언 레이놀즈가 운전하기 때문이다. 심지어 우리는 로비와 레이놀즈를 욕망한다. 다른 사람들이 두 사람을 욕망한다고 여기기 때문이다.

욕망은 타자의 욕망이기도 하므로 우리는 타자에게 원해지기를 원한다. 이 타자가 우리 자신의 어머니로 구체화되든 레이놀즈로 구체화되든(딱 하나의 존재로 구체화되는 경우는 드물다.) 우리는 그들의 욕망을 욕망한다. 또한 이러한 욕망 속에서 우리는 기본적 사회성을 인식할 수 있다. 적어도 종종 다른 사람을 곁에 두지 않고 진정으로 행복한 사람은 거의 없다.

우리가 자신을 이해하는 방식의 바탕을 이루는 것이 욕망이라는 개념은 라캉의 거울 단계 사상의 토대로 볼 수 있다. 그러나 라캉에게 중요한 것은 이 형성 단계에서 우리가 마주치는 것 중 하나가 우리의 자아, 더 정확히 말하자면(바라건대 곧 이 부분에 대한 설명이 분명해질 것인데) 우리 자신에 대한 관념이라는 점이다.

라캉은 유아기 때 거울에 비친 자기 모습을 마주하고 환희, 실망, 기대, 적대감이 뒤섞인 감정을 경험한다고 말한다. 라캉의 주장에서 중요한 것은 인간 아기가 미숙하게 태어난다는 점이다. 예를 들어 새끼 말과 달리 인간은 태어난 지 몇 분 만에 걷기 시작하지 않는다. 인간 아기는 일반적으로 생후

4개월 정도까지는 고개를 들지도 못한다. 6~18개월 정도에야 걷기 시작하고 처음에는 보행기나 기댈 수 있는 일종의 손수레에 의지해야 한다. 처음에는 이동을 위해 보조 장치가 필요하다는 뜻이다. 이 모든 것은 인간 아기와 다른 동물들이 구별되는 막대한 신체적 의존 상태를 강조한다. 의존적 상태에서도 인식이 발달함에 따라 아기에게는 자신의 무능력 또는 무능력에 대한 감각이 생겨난다. 아기는 걷지는 못하지만 다른 사람이 걷는 모습은 볼 수 있다.

아기는 몸의 협응력이 별로 좋지 않아 자신의 팔과 다리를 잘 조절하지 못하는 것처럼 보이지만 더 조화롭게 움직이는 듯한 다른 사람을 볼 수는 있다. 라캉은 이 때문에 아기가 보는 것과 경험하는 것 사이에 불일치가 발생한다고 주장한다. 이러한 불일치는 거울 속 자기와의 만남으로 이어진다. 아기를 거울에 비추면(기억하라, 아기는 아직 스스로 거울을 볼 수 없다.) 아기는 조화로운 실체처럼 보이는 모습을 보게 된다. 팔과 다리가 몸통과 연결되어 있고 머리는 그 위에 얹혀 있다. 온전해 보인다. 그러나 아기가 매일 겪는 자신의 일상은 그보다 일관적이지 못하다. 거울이 제공하는 시각적 거리가 없으면 자기 몸을 일상적으로 경험하는 방식은 그렇게 즉각적으로 조화롭지 않다. 특히 인간의 몸이 어때야 하는지에 대한, 자신의 경험을 대입할 수 있는 추상적 개념이 없는 아기의 경우에 더욱 그러하다고 추측할 수 있다. 한 번이라도 치과에서 마취 치료를 받아본 사람이라면 갑자기 입술이 어디에 있는지 구분할 수 없었던 경험이 있을 것이다. 한 자세로 너무 오래 앉아 있느라 다리에 감각이 없는 상태에서 일어났다가 비틀거린 경험도 마찬가지다.

이에 더해 거울을 볼 때 우리에게 비치는 이미지는 왜곡되어 있고 부분적일 수밖에 없다. 특히 미국이나 캐나다에 사는 사람이라면 자동차 양옆 거울에 있는 "거울 속 물체는 보이는 것보다 가까이 있습니다."라는 안전 문구가 익숙할 것이다. 거울은 반사된 이미지를 확대하는 경향이 있다. 이미지가 거꾸로 보이기도 한다. 얼굴의 특징적 부분이 사진 속에서는 원래의 반대편에 있는 것처럼 보여서 당황해본 적 없는 사람이 있을까? 우리는 반대로 나타난 자신의 모습을 보는 데 익숙해져 있어서 사진을(논란의 여지가 있겠지만 더 정확한 모습을 보여주거나 적어도 다른 사람들이 보는 모습에 더 가까운) 어딘가 잘못되었거나 심지어 불쾌한 것으로 느낀다.

마지막으로 거울은 당연하게도 표면만 보여주며 그마저도 (보통) 신체의 앞면과 대부분의 경우 윗부분만 보여준다. 우리 자신에 대한 경험은 수많은 다른 요소가 결합된 복잡한('복잡한'이라는 단어의 가장 근본적 의미에서) 것이다. 우리에게는 감정이 있고 생각이 있으며, 배고픔, 고통, 불평이 있다. 이러한 경험은 거울에 아예 반영되지 않거나 직접적으로 반영되지 않는다. 머리 뒤쪽은 앞쪽만큼이나 우리 신체의 일부지만 미용실에서가 아니라면 거울을 통해 보는 경우가 거의 없으며 일반적으로 자신에 대해 생각할 때 떠올리는 것이 아니다.

이 모든 것을 종합하면 거울 속 이미지가 즉각적으로 경험하는 자신과는 실제로 매우 다르다는 결론에 이른다. 유아는 어른처럼 그 차이를 파악하고, 처리하고, 관리할 수 있는 이해력이나 통찰력이 부족하기 때문에 이러한 차이가 더 뚜렷하게 다가올 수 있다. 어른은 소화 불량을 경험할 때 거울을 보더라도 거울에 비친 자기 모습이 지금 겪는 불편함을 반영하지 않는다고 해서 이를 걱정하지 않을 것이다. 유아는 이러한 차이에 더 큰 영향을 받을 수 있다. 그렇긴 하지만 어른도 어느 정도는 거울 이미지와 자신의 경험이나 생각 사이의 불일치 때문에 당황하거나 심지어 괴로워할 수 있다. 신체 이형증, 거식증 또는 우울증의 경우를 생각해보라. 한편 라캉의 주장에 따르면 유아의 경우 이러한 경험은 형성적이다. 유아는 자신에 대한 사전 개념이나 주어진 관념이 없기 때문에 자기에 대한 관념을 만들어가는 형성적 경험들은 보는 것과 느끼는 것 사이의 단순한 상호 일치에 기반하지 않는다. 오히려 이 경험들은 이미지와 신체적 경험 사이의 불일치, 그리고 특히 이 거울 이미지가 자신이라는 타인의 재확인에 기반한다. 유아가 보는 것과 다른 사람에게서 자신이라고 전해 들은 것은 그들이 경험하는 것과 완전히 일치하지 않는다. 어쩌면 전혀 일치하지 않는다고도 할 수 있다. 하나는 겉보기에 일관된 이미지다. 다른 하나는 이해할 수 없는 감각, 감정, 혼란의 복합체다. 이 설명, 즉 이 형성기의 불일치를 받아들인다면 우리는 그로부터 파생되는 의미를 추적해야 한다.

라캉은 이러한 불일치를 '메코네상스méconnaissance'의 경험이라고 설명한다. 이 용어는 우리가 거울 이미지를 우리 자신으로 잘못 인식한다는 의미에서 일반적으로 '오인誤認'으로 번역된다. 다시 말해 우리가 그 이미지를 자신이라고 착각하는 것이다. 우리는 그것을 받아들이고 우리가 누구인지 혹은 무엇인지에 대한 생각의 기초로 삼는다. 그것이 실제의 우리 자신과는 명백히 다름에도 말이다. 그것은 외부적이고 부분적이며 왜곡된 빛의 반사일 뿐이다. '메코네상스'는 또한 지식(프랑스어로 '코네상스connaissance')이라는 단어를 암시하며, 잘못된 근거에 의해 형성된 지식을 뜻한다. 그리고 이 단어를 더 세분화하면 나오는 '네상스naissance'는 탄생을 의미하므로 이는 우리 자아에 대한 생각의 기원이기도 하다. 이러한 다양한 함축적 의미를 종합하면 라캉이 선택한 '메코네상스'라는 용어가 얼마나 풍부한 의미를 담고 있는지 알 수 있다. 이 단어는 잘못된 지식을 바탕으로 이루어진 기원에 대한 개념을 전달한다.

여기서 중요한 점은 우리 자신이 무엇인가에 대한 관념이 착각이므로 더 나은, 더 정확한 다른 관념이 있다는 생각에 빠지지 말아야 한다는 것이다. 우리 문화에는 진정한 자아에 대한 관념이 가득하며, 자기 계발이나 심리 치료 산업의 대부분은 우리 자신에 대해 거짓되거나 건강에 해로운 관념 너머에서 진정한 내면의 자아가 발견되기를 기다리고 있다는 생각에 기반을 둔다. 우리는 자신을 찾는 것에 대해, 자신에게로 돌아가는 것에 대해, 자신을 느끼지 못하는 것에 대해, 우리의 진정성에 대해 이야기한다. 라캉은 이러한 관념에 반기를 들고 우리가 거울을 통해 얻은 자아에 대한 착각 뒤에는 다른 어떤 것도 존재하지 않는다는, 별로 위안이 되지 않는 생각을 제시한다. 조금 다르게 표현하자면 거울을 통해 얻은 관념이 우리 정체성의 기초이며, 그보다 더 근원적인 것은 존재하지 않는다는 것이다.

라캉이 1949년에 출판한 거울 단계에 대한 짧은 논문의 전체 제목을 떠올려 보면 도움이 될 것이다. 논문의 전체 제목은 「정신분석 경험에서 드러나는 주체 기능을 형성하는 거울 단계The Mirror Stage as Formative of the *I* Function as Revealed in Psychoanalytic Experience」다. 그다지 귀에 딱 들어 오지는 않지만 이 제목은 여기서 문제되는 바를 상당 부분 상세히 설명해준다. 주체, 주체에 대한 인식, 정체성 또는 인격성에 대한 인식은 실질적 개체가 아닌 기능으로 설명된다. 정신분석의 창시자인 프로이트가 정신을 자아ego, 원초아id, 초자아superego의 세 가지 요소로 기술한 것을 기억하자. 이제는 영어에서 다소 흔하게 쓰이는 자아라는 용어는 사실 제임스 스트래치가 독일어 '이히ich'를 번역하기 위해 선택한 라틴어다. '이히'는 단순히 나I를 의미한다. 따라서 라캉이 '주체의 기능function of the I'을 이야기할 때는 자아에 대해 이야기하는 것으로 이해할 수 있으며, 구체적으로 임상 환경에서 볼 수 있는 자아, 분석 주체의 말을 통해 드러나는 자아에 대해 이야기하는 것으로 이해할 수 있다.

물론 프로이트는 자아(또는 나)와 원초아, 초자아를 구분할 때 이미 우리의 정체성, 즉 우리가 누구인지 또는 무엇인지에 대한 이해는 부분적일 뿐이라는 점을 지적했다. 프로이트의 이론에 따르면 우리는 자아인 만큼 원초아와 초자아다. 원초아id는 자아ego와 마찬가지로 라틴어인데 이번에는 '그것'을 뜻하는 독일어 '에스Es'를 스트래치가 번역한 것이다. '그것'은 길들여지지 않았거나 우리가 통제할 수 없는 우리의 일부를 의미한다. 프로이트는 잘 알려진 대로 원초아를 야생마에, 자아를 기수에 비유한다. 기수는 훨씬 강력한 말을 끊임없이 통제해야 한다. 프로이트는 우리가 이러한 끊임없는 내적 긴장 속에서 살아간다고 믿었으며, 원초아는 오직 쾌감, 그것도 즉각적 쾌감에만 관심이 있다. 원초아에 굴복하면 즐거운 시간을 보낼 수 있을지도 모르지만 그 시간은 얼마 지나지 않아 나쁜 시간으로 바뀔 가능성이 높다. 샘 레빈슨의 HBO 시리즈 〈유포리아〉를 생각해보라. 십 대인 등장인물들은 빈둥대면서 파티나 하는데 실제로는 전혀 즐거운 시간을 보내는 것 같지가 않다. 프로이트의 요점은 원초아는 술을 마시고, 먹고, 섹스하고, 자고 싶지만 원초아만 있다면 우리는 곧 죽으리라는 것이다. 우리는 계획을 세우고

균형이나 절제를 이루기 위해 자아가 필요하다. 우리는 말을 길들이기 위해 자아가 필요하다.

정신의 세 번째 측면인 초자아는 사회의 규칙, 보통 부모에게서 받은 규칙을 내면화하는 것과 관련이 있다. 이것을 우리의 도덕적 측면이라고 생각할 법하지만 처음에 들었을 때 느껴지는 것처럼 반드시 긍정적인 면만 있는 것은 아니다. 초자아는 잔인할 수 있으며, 역설적으로 스스로 쾌감을 박탈함으로써 쾌감을 얻고자 할 때 우리로 하여금 죄책감을 느끼게 하고 내적 갈등을 유발할 수 있다. 이것이 자아self의 복잡성이다.

다시 라캉으로 돌아가면 그가 이 시점에서 프로이트적 자기의 한 측면인 자아에 주로 초점을 맞춘다는 것을 알 수 있다. 이 자아는 우리가 가장 쉽게 동일한 것으로 식별하는 자기의 차원이며, 라캉이 여기서 관심을 두는 것은 바로 이 동일시 과정이다. 자신의 거울 이미지와 동일시하면서 우리는 자아에 대한 개념을 구축하기 시작하고, 이는 이전의 동일시를 확고하게 하거나 확장하면서 더 성장하고 견고해진다. 그러나 이 동일시는 외부의 어떤 것을 기반으로 하기 때문에 이 작업에는 근본적 결함이 있다. 우리는 본질적으로 낯선 관념(즉 이상하고 이질적이며 다른 어떤 것)을 받아들였다. 이 낯선 침입자는 우리보다 더 일관되고 조화로운 것처럼 보인다. 이 낯선 타자에게는 우리의 불행, 고통, 혼란이 없다. 그는 분열되어 있거나 불균형적이지 않다. 이는 단지 우리 몸과 우리의 경험이 일치하지 않는다는 것, 즉 불일치가 있다는 의미에 그치지 않는다. 라캉에 따르면 이는 세 방향의 역동성을 만들어낸다. 첫째, 앞서 살펴본 바와 같이 아무리 결함이 있거나 오해를 불러일으킬 수 있더라도 동일시를 설정한다. 그러나 결함이 있다는 바로 그 이유 때문에 적대감과 경쟁을 형성한다. 내가 도입한 이 타자는 나보다 완전하고 더 온전하며 더 유능하다. 외부의 타자에 대해 적대감이나 공격성을 느끼는 것은 별개의 문제지만 그 외부의 타자가 내면화되어 자신으로 받아들여지면 그 공격성은 필연적으로 자신을 향하게 된다.

더 긍정적으로 보자면 이미지와 경험 사이의 인식된 차이는 라캉이 기대감이라고 부르는 것을 만들어낸다. 내가 거울에 비친 일관되고 완전한 대상은 아닐지라도 언젠가는 그렇게 될 수 있다고 믿기 시작할 수는 있다.

이러한 동일시, 적대감, 기대감의 상호 작용에서 우리는 헤겔의 영향, 특히 욕망 개념의 중심적 위치를 확인할 수 있다. 라캉은 우리가 아닌 것, 결여된 것을 통해 우리가 욕망을 경험하게 되며 이 욕망은 주로 우리를 온전하게 만들어줄 것에 대한 욕망이라고 말한다.

3장에서는 라캉의 거울 단계 이론의 기본 개념을 살펴보았다. 핵심 개념은 다음과 같다.

- 욕망은 인식하는 것이다. 그 형태와 내용 모두에서 그렇다.
- 우리는 외부 이미지와의 만남을 바탕으로 자신에 대한 생각을 발전시킨다.
- 우리의 경험과 우리 자신에 대한 생각 사이의 차이는 불일치를 야기하고 결여를 만들어낸다.
- 자신에 대한 잘못된 생각의 이면이나 그 아래에 옳고 진실한 형태의 자신은 존재하지 않는다.
- 자아는 조화롭고 단일한 존재가 아니다.
- 정체성 형성 과정에는 결여, 공격성, 기대감이 수반된다.

4장. 상상계/상징계/실재계

우리는 거울 단계에서 아이와 거울 이미지 사이에 모호한 양가적 적대감이 어떻게 형성되는지 살펴보았다. 여기서 자주 제기되는 질문은 아이에게 시각 장애가 있다면 어떨까 하는 것이다. 완전히 앞을 보지 못하는 아이는 거울에 비친 자신의 모습을 볼 수 없을 텐데 그렇다면 라캉이 설명하는 방식으로 발달하지 못할까? 여기서 가장 먼저 강조해야 할 것은 라캉이 발달 단계에 대해 전혀 이야기하고 있지 않다는 사실이다. 그렇다. 그는 출생 시 우리의 미숙한 상태와 거울 앞에 있는 아기에 대해 많은 이야기를 하지만 사실 그는 유아에게 영향을 미치는 것처럼 성인에게도 영향을 미치는, 언제나 실패하며 계속되는 동일시 과정을 설명하고 있다. 물리적 사물로서의 거울과 거울에 비친 자기 모습을 바라보는 특별한 경험은 이 과정을 포착하거나 경험하는 한 가지 방법일 뿐이다. 아이가 곰 인형을 만났을 때도 동일한 효과를 쉽게 상상할 수 있다. 실제로 아이는 경험을 단 한 번만 하는 것이 아니며, 만남 단 한 번으로 자아에 대한 생각이 생겨난다고 여기는 사람은 아무도 없다. 거울이나 장난감과 함께 아이들은 필연적으로 다른 사람들을 경험하며, 이 다른 사람들은 지속적 동일시 요소다. 이는 분명히 아이에게만 해당되는 것은 아니고 시각적 요소는 종종 지배적일 수는 있지만 독점적이지는 않다. 그렇다면 우리가 거울에서 경험하는 타자는 동일시, 차이, 기대와 적대감의 중요한 기반을 형성하는 하나의 타자이지만 유일한 타자는 아니다. 형제자매, 부모, 친구, 이웃, 반려동물, 장난감, 만화 캐릭터 등과 같은 다른 타자도 모두 동일시 과정에서 작용하며 이러한 작용은 일생 동안 지속된다.

이처럼 다양한 타자와의 만남을 통해 형성되는 동일시 과정은 우리가 세계를 경험하는 방식에서 중요한 한 가지 차원을 구성한다. 라캉은 세계에 대한 우리의 경험이 세 가지 다른 형식을 통해 구성되는 것으로 이해될 수 있다고 주장한다. 그는 그중 첫 번째 형식을 상상계라고 부른다. 우리는 보통 상상이 지어낸 것 또는 현실이 아닌 것을 의미한다고 생각한다. 흔히 아이에게는 함께 대화를 나누지만 자신만 볼 수 있는 상상의 친구, 자기가 만들어낸 캐릭터가 있다. 어떤 의미에서 이것은 라캉이 말하는 상상계의 개념과 비슷하지만 어린이의 상상 속 친구는 실제로 존재하지 않는 것으로 이해되고 현실의 친구와 대비되는 것과 달리 라캉의 용법에는 이러한 대비가 적용되지 않는다는 중요한 단서가 붙는다. 라캉에게 아이의 친구는 모두 어느 정도는 상상의 존재다. 게다가 아이에게 가장 중요한 상상의 친구는 바로 아이 자신이다.

거울 단계에 대한 논의에서 보았듯 아이는 외부의 경험에서 끌어낸 자신에 대한 이해, 즉 관념을 구축한다. 이를 통해 아이는 정체성을 만들 수 있으므로, 이 상상된 정체성은 상상계 영역 또는 우리가 세상을 경험하는 상상계 차원의 결실이자 기초라고 할 수 있다.

상상된 정체성이 결실이자 기초라고 말한 것은 경험의 끊임없는 순환성을 지적하기 위함이다. 자아에 대한 우리의 생각은 외부의 신체나 이미지에 대한 최소한의 인식 또는 동일시를 기반으로 한다. 이로부터 우리는 더 많은 동일시 요소를 구축하기 시작하고 이 과정은 평생 계속된다. 중요한 것은 라캉에게는 이 과정의 확실한 시작점이 없다는 것이다. 이 동일시 과정은 일단 진행된 뒤에야 그럴 가능성이 있었던 것으로 이해될 수 있어서 어떤 시작점이든 과거로 거슬러 설정할 수밖에 없으며 따라서 언제나 상상될 수밖에 없다.

이렇게 상상된 정체성은 우리가 자신과 맺는 관계 그리고 타인과 맺는 관계의 기초를 형성한다. 이는 모든 종류의 집단 정체성, 우정, 선호도의 기초로 이해될 수 있다.

그러나 이 상상된 정체성은 또한 결코 고정되지 않는다. 우리는 유아를 거울과의 만남을 통해 어떠한 형태를 갖는 불완전하며 불연속적인 존재로 상상할 수 있지만 이 형태는 항상 부분적인 것일 뿐 완전히 고정된 것은 아니다. 그것은 아이를 하나로 묶어주는 보형 상자와 비슷하다. 이런 의미에서 아이가 취하는 모양은 아이의 모양이라기보다는 상자의 모양에 가깝지만 아이는 그 모양이 곧 자신이라고 생각하게 된다. 상자는 변형될 수 있으며, 지속적이고 새로운 경험은 어른이 되어가는 존재의 정체성에 영향을 미친다. 그러나 전반적으로 이처럼 가정된 정체성이 강화될수록 정체성이 변화할 가능성은 줄어든다. 그에 따라 가정된 정체성은 더욱 강화되지만 줄일 수 없는 부조화감이 언제나 함께 남는다. 상상된 정체성은 실제 자신이 아니기 때문이다.

우리는 거울 앞에 선 아이가 직면하는 간극이라는 단순한 각본에 초점을 맞춰왔다. 자신의 몸, 감정, 감각, 생각에 대한 즉각적 경험과 겉보기에 조화로운 거울 이미지 사이의 간극이다. 우리는 그 사이에 실제로 있는 것과 있을 수 있는 것의 간극이 필연적으로 존재함을 이해할 수 있다. 이제 아이가 (항상 불완전한) 자신에 대한 감각을 이해하게 되는 더 넓은 맥락으로 나아가보자.

거울 이미지는 물리적 차원을, 더 정확하게는 이미지로서 상상계 차원을 전달한다. 그러나 아이가 자신이 무엇인지에 대한 감각을 키워나가는 과정은 아이를 둘러싼 언어를 통해서도 이루어진다. 부모는 아주 초기부터 아이에게 말을 걸고 아이에 대해 이야기한다. 부모가 될 사람들은 아이를 잉태하기 훨씬 전부터 아이가 어떤 사람이 될지에 대한 생각을 표현한다. 아이가 뱃속에 있을 때도 부모는 아이에 대해 토론하고, 아이에게 말을 걸고, 책을 읽어준다. 세상에 나올 때도 아이는 말 그대로 자신에 대해 이야기하는 사람들로 가득 찬 방에서 태어난다. 아이가 성장하는 동안 이 말의 세계는 아이의 모든 순간을 둘러싼다. 말하는 사람이 아무도 없을 때에도 이미 아이 안으로 들어가기 시작한 말은 곧 아이에게서 나오기 시작할 것이다. 우리는 이처럼 의식적으로 생각해볼 필요도 없이 우리가 무엇이고 누구인지에 대한 생각을 공식화하기 시작한다. 때로는 착한 아이, 영리한 아이, 장난꾸러기 아이 등 우리가 누구인지 또는 무엇인지를 직접적으로 듣는다. 또 가끔은 사람들이 어떤 말도 하지 않을 때조차 우리가 누구 혹은 무엇인지에 대한 생각을 받아들인다. 예를 들면 형제 중 하나는 어떤 성취나 행동에 대한 칭찬을 받고, 다른 하나는 그렇지 않은 경우에 그렇다. 아직 태어나지 않았거나 임신하지 않은 아이에 대한 초기 생각은 부모가 되어보지 않은 이들에게는 한심한 공상처럼 보이겠지만 이러한 생각은 현재 살아 있는 아이의 삶에 뿌리를 내리고 계속 공명을 일으킬 수 있다. 아이가 태어나기 훨씬 전에 형성된 아이에 대한 일반적 관념은 특정한 아이가 세상에 어떻게 적응할지에 영향을 미친다. 남아는 파란색, 여아는 분홍색 옷을 입어야 한다는 생각은 이제 구식으로 보일지 몰라도 이와 유사한 선입견은 우리가 특별히 의식하지 못하는 사이에 계속 퍼져나가는 경우가 많다. 부모와 조부모는 종종 "아버지랑 똑같네." 또는 "너도 딱 저렇게 엄지손가락을 빨았지."

와 같은 말로 비교를 하지 않고는 못 배기는 듯하다.

여기서 도출해야 할 개념적으로 관련된 세 가지 사항이 있으며, 거기에는 중요한 결론이 뒤따른다. 첫 번째, 생각은 언어의 제약을 받는다는 것이다. 두 번째, 아이는 언어를 가지고 태어난다는 것이다. 세 번째, 아이의 자기에 대한 감각은 최소한 자기에 대해 말해지는 것에 크게 영향을 받는다는 것이다. 이 세 가지 요점이 이끌어내는 결론은 피할 수 없는 소외감이다.

첫 번째 요점부터 시작하자. 언어는 생각의 도구다. 언어가 없이도 우리는 세상을 경험하고 감각과 감정을 느낄 수 있지만 이를 표현하고 결합하여 새로운 생각을 발명하는 데는 언어가 필요하다. 언어가 작동하는 문법은 말할 것도 없고, 우리가 사용할 수 있는 단어의 수는 한정되어 있으며, 어떤 언어든 무언가에 대해 이야기할 때 특정한 관습이나 방식을 따른다는 점을 고려하면 우리가 가진 생각(세상과 우리 자신에 대한 생각)은 우리가 배운 언어의 영향을 받는다는 것이 분명해진다. 그렇다고 우리가 새롭고 흥미로운 방식으로 단어를 결합하거나 라캉처럼 스스로 새로운 단어를 창조할 수 없다는 말은 아니다. 그러나 이러한 창조의 순간조차도 이미 존재하는 언어를 활용하지 않으면 단순한 횡설수설이나 소음으로 느껴질 수 있다. 흔히 '난센스 시'라고 불리는 에드워드 리어의 시가 좋은 예다. 리어는 새로운 단어를 창조하지만 새 단어를 기존의 단어와 결합하고 관습적 문법의 형태 안에 끼워 넣는다. 그가 2014년에 발표한 시 「올빼미와 고양이」를 예로 들어보자. 올빼미와 고양이는 도망가서 결혼한 후 "다진 고기와 마르멜루 조각을, / 런서블runcible 숟가락으로 먹었다."고 묘사된다. 사실 '런서블 숟가락' 같은 것은 존재하지 않으며, 런서블이라는 단어 역시 존재하지 않고 의미가 없음에도 형용사임이 분명하다.

우리가 언어의 형식에 제한을 받을 뿐 아니라 우리가 사는 세상 자체와 그에 대한 우리의 사고방식도 대부분 언어에 의해 결정된다. 영어에서는 '레그leg'가 샅에서 발목까지 이어지는 신체 부위를 의미한다. 중국 방언 중 일부에서는 다리와 발을 모두 포함하는 단일 용어인 '지아오jiǎo'가 사용된다. 영어를 사용하는 사람과 중국어를 사용하는 사람은 신체적으로 거의 동일하게 만들어져 있지만 두 언어가 신체를 구성하는 방식은 완전히 다르다. 또한 이누이트족은 눈을 뜻하는 단어가 50개나 된다는 진부한 이야기도 들어보았을 것이다. 이 이야기가 얼마나 사실에 가까운지에 대해서는 논란이 있지만 일부 이누이트 언어에는 눈을 뜻하는 다양한 단어가 있으며, 이누이트 언어가 교착어라는 데서 어느 정도 그 이유를 찾을 수 있다(예를 들어 영어에서는 형용사를 별도로 추가하는 반면, 이누이트 언어에서는 단어 자체에 형용사를 덧붙인다.). 이 때문에 눈을 가리키는 단어가 영어보다 많은 것이다. 그 외에도 눈이 많이 내리고 일상적인 관심사가 되는 나라에서는 사람들이 눈에 대해 더 복잡한 방식으로 이야기하고 다양한 유형을 구분할 가능성이 높다고 이해할 수 있다. 여기서 중요한 점은 우리가 생각하는 것이 아무리 독창적일지라도 생각하는 데 사용되는 언어에 따라 여러 방식으로 제한된다는 것이다.

여기에 적절한 마지막 예는 독일 철학자 프리드리히 니체가 제시한 것이다. 2장에서 논의한 코기토의 개념에 대해 니체는 데카르트의 결론이 다른 무엇보다도 언어의 효과에 가깝다고 지적한다. 우리가 알다시피 "코기토 에르고 숨"은 일반적으로 "나는 생각한다. 그러므로 나는 존재한다. I think, therefore I am."로 번역된다. 라틴어에서 "나는 생각한다.I think."라는 말은 "코기토"라는 한 단어로 구성되어 있지만 그 안에는 여전히 '나'라는 개념이 포함되어 있다. "너는 생각한다."는 "코기타스cogitas"가 되고 "그는 생각한다."는 "코기타테cogitate"가 된다. 니체의 요점은 번역문에서 더 명확하게 드러난다. "나는 생각한다. 그러므로 나는 존재한다."라고 말할 때 문장의 앞부분에서 이미 '나'를 전제하는데 뒷부분에서 '나'가 존재해야 함을 결론 내린다는 것이다. 이것은 잘못된 논리지만 언어의 효과다. 라틴어에서는 동작에 (문법적) 주어를 지정하지 않고는 문장을 공식화할formulate 수 없다. 마찬가지로 영어에서는 "비가 온다.it's raining."라고 말하는데 누가 또는 무엇이 비를 내리는지 명확하지 않다. 아마도 하늘? 신? 영어는 문법적 주어를 포함하지 않는 표현을 쉽게 허용하지 않기 때문에 행위가 사실은 철학적 의미의 주체, 즉 행위자, 행위를 하는 누군가 또는 무언가를 암시하는 것이라고 생각하게 된다.

여기서 두 번째로 짚고 넘어가야 할 점은 우리 중 누구도 우리가 사용하는 언어를 발명하지 않았다는 것이다. 언어는 말 그대로 우리가 존재하기 훨씬 전부터 존재했다. 이는 아이가 자신의 생각이 아닌 다른 매체를 통해 자신의 생각을 표현하는 방법을 배워야 한다는 결과를 가져온다. 우리가 세상에 대해 가진 모든 생각, 즉 세상을 사고로 처리하는 능력은 다른 사람이 만든 연장 세트를 사용하여 수행된다. 그리고 이는 우리 자신에 대한 생각으로 확장된다. 우리 자신에 대한 우리의 모든 생각, 가장 내밀한 생각, 우리의 꿈이나 열망, 우리의 성찰, 우리가 무엇인지에 대한 개념, 이 모든 것은 필연적으로 우리 외부에서 온, 그리고 우리보다 앞선 언어를 통해 공식화된다.

세 번째로 앞의 요점과 연결하여, 아이가 태어나기 전부터 아이에 대한 생각이 형성되고 태어난 후에도 반복적으로 표현되기 때문에 아이는 이러한 생각을 흡수할 수밖에 없다. 다시 말해 아이가 자신이 듣고 있다는 사실을 인식하지 못하거나 나중에 기억하지 못한다 하더라도 자기에 대해 들은 모든 말은 아이의 내면으로 들어간다. 아이가 직접 그 생각들을 듣는 경우에만 그런 것도 아니다. 생각은 떠돌면서 행동에 영향을 미치고, 그 행동은 아이에게 영향을 미치거나 아이가 놓일 환경을 형성한다.

그 가장 명확한 예는 (우리가 실제로 속하기를 선택했는지와 관계없이) 우리가 속한다고 여겨지는 더 넓은 집단들에 대한 고정관념이나 통념이다. 여기에는 성별, 국적, 종교, 인종, 계급에 관한 생각이 포함된다. 우리가 이러한 집단의 구성원이 되는 것을 필연적으로 혹은 적극적으로 선택하지 않는다고 해도 이러한 집단의 구성원이 되는 것을 막지는 못하며, 실제로 이러한 집단의 구성원과 연관된 속성을 가지고 태어나지 않았다고 해서 그 속성이 나타나기 시작하는 것을 막지는 못한다. 남성이든 여성이든 건설 차량을 가지고 놀고 싶어 하는 선천적 성향natural propensity을 타고나는 사람은 없다(건설 차량 자체가 자연적인 것natural thing이 아니기 때문이다.). 그보다 덜 명확하게 구성된 특성들도 절대적 척도로 구분하는 것이 불가능하다. 정말 여성이 남성보다 더 양육적인가? 전부 다? 항상? 여기서 성별 특성이나 본성이냐 양육이냐에 대한 논쟁을 할 필요는 없다. 요점은 이러한 생각이 퍼져나가며 그 자체로 영향을 미친다는 것이다. 모든 사람이 여자아이들이 더 순응적이라는 생각을 받아들이면 많은 여자아이가 이러한 행동 양상에 빠지게 되고, 그렇지 않은 여자아이들은 그러한 행동 양상을 따르지 않는다는 이유로 다르게 분류될 가능성이 높다.

더 개인적 차원에서 이러한 사회적 고정관념에 둘러싸인 아이들은 자신에 대한 설명, 자신이 무엇을 좋아하는지 혹은 어떤 사람인지에 대한 암시, 다른 사람과의 비교, 어렴풋이들은 평가, 악의 없이 던진 의견을 들으며 자란다. 이 모든 것이 합쳐져 아이가 받아들이지 않을 수 없는 인상을 만들어낸다. 아이가 듣게 될 의견은 그 엄청난 양 때문에 '메시지'가 단도직입적이지는 않지만 그 요점은 남는다. 그림은 그려져 있으며 그 원천은 아이 자신의 바깥에, 그리고 아이가 어떤 사람인지 혹은 어떤 사람이 되어야 하는지에 대해 특정인이 의식적으로 만들어낸 생각의 바깥에 있다는 것이다.

이 세 가지 요점을 종합하면 우리가 자아라고 생각하는 성격, 좋아하는 것, 싫어하는 것, 장점, 단점, 욕망은 외부에서 파생된 것이라는, 즉 내가 아니라는 사실에 도달하게 된다. 이는 정체감의 핵심에 모순을 불러일으킨다. 내 안의 가장 나다운 것이 사실은 내가 아니거나 적어도 원래의 나는 전혀 아니기 때문이다. 또한 거울 단계의 핵심 요점 중 하나를 상기해보면 그 아래서 발굴되기를 기다리는 또 다른, 더 진실한 형태의 나는 존재하지 않는다. 하지만 더 진실한 형태가 없다고 해서 우리가 그 형태를 갈망하는 것을 멈출 수는 없다.

라캉은 이러한 자아 감각의 불일치를 존재에서 의미로의 이동이라는 관점에서 설명한다. 우리가 언어의 세계에 몰입되어 있고, 언어가 우리 자신을 포함한 세상의 모든 것을 처리하고 생각하는 방식을 물들이고 형성한다는 생각을 수용하면서도 우리는 여전히 언어의 힘에서 자유로운, 세상에 대한 깨끗하고 순수한 접근이 가능하다는 감각을 잠재적으로 남겨둘 수 있다. 많은 사람이 이러한 생각을 가지고 있으며 그들은 우리가 언어 속에서 벗어날 수 없다는 암시를 상당히 불쾌해하거나 심지어 우스꽝스럽게 여길 것이다. 이 지점에서 사람들은 흔히 일출, 밤하늘, 산, 스쿠버 다이빙, 섹스 같은 자연의 순간을 예로 들며 이러한 경험이 어느 정도는 사회생활이나 문화와 분리되어 발생한다는 사실만으로 언어를 넘어서는 경험의 예시인 것처럼 이야기한다. 하지만 생각해보면 밤하늘에 대한 우리의 경험, 심지어 밤하늘이 밤하늘이라는 우리의 이해, 행성과 별에 대한 우리의 이해, 별자리 이야기도 모두 언어를 통해 형성되어 우리에게 전달되며, 밤하늘 아래서 느끼는 경외감도 언어로 표현된다. 이는 다른 모든 예시에도 똑같이 해당된다. 우리는 순간적으로 어떤 경험 속에서 자신을 잃어버리는 듯한 느낌을 받을 수 있다. 그러나 그 경험이 몇 초 후에도 경험으로 기억되려면 반드시 언어로 공식화되어야 한다. 오직 자기만을 위한 공식화라고 할지라도 말이다.

언어에 오염되지 않은 세상에 대한 생각은 환상이라고 할 수 있다. 여러모로 위안이 되는 환상이다. 정신분석 이론에서 환상이라는 용어가 의미하는 바의 핵심에 다다른다고까지 할 수 있다. 이에 대한 내용은 나중에 다시 다루겠다.

사람들은 언어 없이 또는 언어를 넘어서 접근할 수 있는 세계가 있다는 생각을 고수할 뿐 아니라 언어 이전에 세상에 대한 경험이 있었을 것이라는 생각을 종종 품는다. 어떤 면에서는 맞는 말일 수 있다. 앞서 논의했듯 아기는 언어를 생산하기 훨씬 전부터, 심지어 태어나기도 전부터 언어 속에 있다는 사실은 제쳐두고라도 대부분의 사람은 어린 아기는 언어를 사용할 수 없다는 데 동의할 것이다. 물론 아기에게도 뇌 활동과 감각이 있다. 아기들도 욕구가 있고 요구를 한다. 하지만 아기들이 생각을 한다고 말하는 것은 무리일 수 있다. 이러한 견해를 받아들인다면 적어도 언어를 활용하여 주변 세계에 대한 경험을 정리하는 능력에 있어서는 아기를 언어 이전의 세계에 놓는 셈이 된다.

우리가 이 그림을 받아들인다고 해도 사고하고 언어를 사용하는 인간으로서의 경험과 언어를 사용하지 않는 아기로서의 경험 사이에는 분명한 차이가 있다. 게다가 이 차이는 아기만이 아기로 존재한다는 것의 의미를 파악할 수 있고 아기가 아닌 이(성인뿐 아니라 말을 배운 어린이도 포함된다.)만이 아기가 아닌 채로 존재한다는 것의 의미를 파악할 수 있다는 식으로 단순하게 '우리와 그들'로 나뉘는 차이도 아니다. 또한 아기가 아닌 사람이 어떻게든 아기 때의 경험을 떠올려서 그 경험과 언어가 스며든 이후의 경험을 동시에 보유할 수 있는 것도 아니다. 이 차이는 한쪽으로 치우쳐 있다. 아기가 아닌 사람에게만 무엇이든 사고할 능력이 있으며, 일관된 사고를 구성할 수 있는 것은 우리가 언어를 획득한 이후이기 때문이다.

따라서 한편으로는 사고할 수 없는 경험(그것이 일어났을지도 모른다거나 심지어 일어났음에 틀림없다고 상상할 수는 있지만)이 있고, 다른 한편으로는 우리가 언어 속에 존재하는 경험이 있다. 간단히 말해 언어 밖에 존재하는 경험을 사고할 수 있는 것은 오직 언어 안에서다. 언어 없이 존재한다는 생각은 불가능한 생각이다. 일어날 수 없었던 일이라는 의미에서가 아니라 내부에서 공식화할 수 없다는 의미에서 그렇다.

아기를 잠시 제쳐두고 보면 여기에는 인간으로서 우리의 삶 전반에 걸쳐 이어지는 중요한 지점이 있다. 우리가 어떻게든 존재와 의미 속에 동시에 있다는 생각, 즉 우리가 종종 이상하게 표현하듯 존재와 의미 모두를 가진다는 생각은 이치에 맞지 않는다. 이 둘은 상호 배타적이기 때문에 그렇다. 존재와 의미를 가진다는 이상한 표현 방식은 존재와 의미의 주인, 즉 그것들을 가졌다고 여겨지는 사람이 어쩐지 그것들의 외부에 있거나 그것들로부터 분리되어 있는 듯한 인상을 준다.

라캉은 존재에서 의미로의 이동에 대한 자신의 요점을 전달하기 위해 생생한 비유를 사용한다. 그는 우리에게 역마차를 붙들고 있는 도적을 상상해보라고 한다. 도적이 "일어나. 돈 아니면 목숨을 내놔!"라고 외친다면 선택은 실상 돈이냐 목숨이냐가 아니다. 만약 당신이 기꺼이 목숨을 바치는 선택을 한다고 해도 도적이 당신을 죽인 후 길가에 돈을 두고 갈 가능성은 거의 없으며, 설사 그렇게 한다고 해도 그것이 어떤 의미에서 여전히 당신의 돈인지는 상상하기 어렵다.

당신은 이미 죽었을 텐데 말이다. 선택은 아무리 잘 쳐줘도 강요된 것이다. 한편 대부분의 경우처럼 돈을 희생하기로 선택하더라도 어쨌든 죽게 될 가능성이 높다.

여기서 라캉의 요점은 존재와 의미 사이의 명백한 선택도 이처럼 불가능하다는 것이다. 우리가 존재를 (불가능하게도) 선택한다면 그것은 말 그대로 생각할 수 없는 일이 될 것이다. 선택을 하는 존재라는 개념도, 선택을 위해 숙고할 능력도 없기 때문이다. 어떤 선택이든 할 수 있는 것은 의미의 세계 내부에서뿐이다. 의미 이전의 (또는 의미 밖의) 존재라는 개념 자체도 오직 의미 안에서만 상정될 수 있는 것이다. 그렇다면 존재를 고른다는 것은 불가능한 선택이다.

이 의미의 영역을 라캉은 상징계라고 부른다. 상징계는 상상계의 파트너라고 볼 수 있다. 상상계가 우리의 동일시 방식과 과정을 설명한다면, 상징계는 우리의 세계에 의미나 질서를 부여하는 구조를 설명한다. 우리는 그 핵심 요소로서 언어에 초점을 맞추었지만 상징계에는 세계를 이해하고 그 안에서 함께 기능하도록 우리를 이끄는 다른 모든 구조 또는 체계도 포함된다. 상상계는 필연적으로 다른 사람들을 포함하지만 그 중심에는 주체가 있다. 따라서 상상계는 더 주관적인 경험의 차원이라고 할 수 있다. 반면 상징계는 언어와 법 그리고 제도와 관련이 있으므로 더 사회적인 차원이다. 앞서 언급했듯 언어는 항상 우리보다 앞서 있다. 법, 사회, 사회 체계도 분명 그렇다.

여러분은 라캉의 또 다른 개념인 대타자the big Other 또는 타자the Other(항상 대문자 O로 표기)를 언급하는 사람들의 글을 흔히 마주칠 것이다. 대문자 O는 단순히 다른 사람을 의미하는 'the other'와 여기서 말하는 타자를 구별하기 위한 것이다. 대타자는 종종 상징 질서의 동의어처럼 들리는 방식으로 사용되는데 어느 정도는 사실이지만 정확하지는 않다. 간단히 생각하면 상징 질서는 언어, 법, 관습, 도덕, 도로 표지판, 금융 거래 등 우리의 세계 경험을 지배하는 규칙의 상호 연동 체계에 대한 추상적 개념을 의미한다. 상징 질서는 우리 자신에 대한 경험을 포함한 세계에 대한 우리의 경험을 구성하고 제한하며 지배하는 규칙 체계와 규칙 구조의 비인격적 사실이다. 한편 대타자는 이 상징 질서와의 주관적 만남이다.

프란츠 카프카의 『소송』에는 사제가 들려주는 흥미로운 이야기가 나온다. 시골 출신의 한 남자가 법의 문 앞에 이른다. 그는 그곳에서 들어가기를 기다리고 기다린다. 결국 그는 평생을 기다리다가 죽음을 앞두고 문지기에게 왜 자신이 기다리는 동안 아무도 오지 않았느냐고 묻는다. 이것이 법의 문이라면 당연히 모든 사람을 위한 문이어야 한다. 어쨌든 법은 중립적이며, 모든 사람에게 동등하게 적용된다는 것이 우리가 법에 대해 이해하는 바다. 문지기는 아니라고 대답한다. 이 문은 당신만을 위해 존재하기 때문에 아무도 오지 않았다는 것이다. 이 이야기의 요점은 법이 적어도 원칙적으로는 모든 사람에게 적용될 수 있지만 그 적용은 언제나 필연적으로 특정화된다는 것이다. 조금 다르게 말하면 구조로서의 법은 단일한 관념으로 존재할 수 있지만 우리가 법을 만날 때 그 만남은 반드시 각자에게 특정한 것일 수밖에 없다. 상징계도 마찬가지이며, 서로 관련되어 있으면서도 구별되는 두 가지 방식으로 나타나는 것으로 이해할 수 있다.

첫째, 세상에는 다양한 언어가 존재하며 각 언어는 우리 각자보다 먼저 존재했지만 언어와 맞닥트리는 특정한 방식, 우리의 어휘, 단어에서 취하는 특별한 의미와 표현은 모두 각자에게 고유하다. 이런 식으로 우리는 상징계와 상상계가 어떻게 필연적으로 함께 작동하는지 알 수 있다. 내가 무언가를 듣거나 읽을 때 나는 상징계 차원과 상호 작용하고 있는 것이다. 단어의 배열은 특정 규칙에 지배되며 단어는 특정 정의와 연관되어 있다. 어떤 단어든 정의하려면 더 많은 단어가 필요하다. 사전을 사용하는 방법을 생각해보라. 단어의 의미가 확실하지 않아 사전에서 찾아보면 더 많은 단어가 나온다. 사전이 제공하지 않는 것은 그 단어가 당신에게만 불러일으키는 특정한 연상이다. 개라는 단어를 생각해보라. 이 단어는 여러분에게 개의 이미지를 떠올리게 하겠지만 우리 각자의 특정한 경험에 따라 각기 다른 개를 떠올리게 할 것이다.

둘째, 우리 각자는 자신만의 특정한 이해 또는 특정한 연상과 경험의 구성 방식을 가졌기 때문에 상징 질서에 대한 특정한 타자성 또한 경험하게 된다. 말하자면 나와 상징 질서 사이에는 간극이 존재하며, 이는 배제감으로 나타난다. 세상은 어떤 방식으로 작동하는 것 같은데 우리는 그 방식이 무엇인지 잘 모른다. 우리는 세상에 어떻게 적응해야 하는지 잘 모른다. 세상이 우리에게 무엇을 원하는지 잘 모른다.

이를 상징 질서의 개인화라고 할 수 있다. 우리는 상징 질서인 구조와 규칙을 다른 사람들뿐 아니라 인간적으로 보이는 체계들과도 연관시킨다. 우리는 커튼 뒤에서 사물을 관리하고 조율하는 '다 알고 있는 운영자knowing operator'를 상상함으로써 비인물을 인물화한다. 그것이 신이든 오즈의 마법사든 로스차일드 가문이든 상관없다. 중요한 것은 우리가 누군가 또는 무언가를 '다 알고 있는 운영자'로 상정한다는 점이다. 이런 의미에서 대타자는 개인의 상징 질서 경험으로 이해될 수 있다. 이는 상상 질서와 연결되는 상징 질서다.

라캉은 상징계와 상상계라는 두 질서가 필연적으로 얽혀 있다고 주장한다. 두 질서는 우리가 대타자를 상정할 때만이 아니라 더 일반적으로 서로 의존한다. 그러나 여기에는 총체화가 존재하지 않는다. 상징계와 상상계를 결합한다고 해서 세상의 모든 것을 설명할 수는 없고, 우리가 세상을 경험하는 모든 양상을 담아낼 수도 없다. 어떤 상황에서도 모든 것을 말한다는 것은 불가능하다. 항상 무언가 빠진 것이 있기 마련이다. 이는 어떤 묘사나 진술에 세부 사항을 계속 추가해서 단어들을 무한히 쌓아올릴 수 있다는 식의 간단한 문제가 아니다. 말하자면 우리가 만들어내는 단어에는 항상 빈틈이 존재한다. 한 언어의 특수한 구조와 구성은 포함하는 것만큼 배제하는 것도 있게 마련이다. 그 적절한 예로 남성과 여성이라는 범주를 들 수 있다. 살아 있는 존재들을 두 부류로 나누면 이 둘에 속하지 않는 모든 존재를 필연적으로 배제하게 된다. 실제로 우리에게는 오랫동안 이분법적 위치에 맞지 않는 이들을 위한 단어조차 없었다. '간성intersex' 같은 모호한 용어는 그 자체로 실질적 범주를 설명하기보다는 '포함되지 않음'의 포괄적 동의어처럼 기능한다.

물론 우리는 새로운 범주, 실체, 활동 또는 개념을 설명하기 위해 새로운 단어를 만들 수 있고 이런 새로운 단어를 무한히 추가할 수 있다. 하지만 아무리 많은 신조어를 추가하더라도 인간 경험의 잠재력은 결코 소진되지 않는다는 것이 오히려 요점이다.

새로운 단어를 추가하는 것도 우리가 생각하는 것처럼 항상 간단한 해결책은 아니다. 다시 말하지만 성 정체성의 예는 좋은 사례다. 우리는 적어도 부분적으로는 두 가지가 넘는 성 정체성의 가능성을 수용하게 되었을지 모르지만 추가적인 정체성에 대한 명확하고 보편적으로 채택된 용어를 얻기까지는 아직 갈 길이 멀다.

20세기 물리학의 양자 발전과 관련해서도 같은 종류의 지적을 할 수 있다. 베르너 하이젠베르크 같은 과학자들은 물리 세계에 대한 기존의 설명에 일관성이 없다는 측면에 직면하여 완전히 새로운 지평을 열었고, 그 결과 지금까지도 대다수에게 여전히 혼란스러운 새로운 생각을 만들어냈다. 하이젠베르크와 그의 동료들이 이룬 것은 기존 지식이 아무리 명확해 보이더라도 실제로는 모든 것을 설명하거나 진술하지 못한다는 사실에 근거하여 상징 질서를 불안정하게 만든 것이라고 볼 수 있다. 하이젠베르크는 알려진 세계 너머의 현실과 맞닥트렸다. 은하계를 탐험했다는 말이 아니라 우리가 세계를 설명하기 위해 세워놓은 구조의 틈새를, 다시 말해 상징계 속의 틈새를 고민했다는 의미다.

라캉은 이 알 수 없는 차원을 실재계라고 부른다. 만약 우리가 상상계와 상징계, 즉 우리의 동일시 지점과 삶의 많은 부분을 가능하게 하는 구조에만 국한된다면 우리는 완전히 갇혀버릴 것이다. 이미 다 말해졌기 때문에 더 할 말도 없고 더 경험할 것도 없을 것이다. 순전한 상징계 영역에서의 삶은 역동적 죽음과 비슷할 것이다. 정교한 기계 장치의 부품처럼 움직일 수는 있겠지만 자유 의지도, 진정한 선택도 가지지 못할 것이다. 생물학적 의미에서가 아니면 살아 있다고도 할 수 없을 것이다. 어떤 의미에서는 여기에 상상계의 차원을 추가한다고 해도 이 그림을 크게 바꿀 수 없다. 그저 기계 장치 안에서 움직이는 일에 의미가 있다고 믿게 해줄 렌즈를 제공할 뿐이다.

이 그림은 두 워쇼스키 감독의 영화 〈매트릭스〉와 약간 비슷하다. 앞서 데카르트가 자신이 꿈을 꾸고 있는지 의문을 품었던 것과 관련하여 논의했던 영화다. 영화 속에서 네

오라는 캐릭터를 만나기 전에 우리는 토머스 앤더슨을 만나게 된다. 토머스 앤더슨은 네오와 관객이 매트릭스를 발견하기 이전의 네오다. 토머스는 컴퓨터 프로그래머로 미로 속 쥐처럼 개방형 사무실의 인간미 없는 칸막이 안에서 일하며 재미없는 삶을 살고 있다. 토마스의 인생에서는 모든 것이 예측 가능하다. 그는 상징적 우주에 갇혀 있다. 일을 벗어나 온라인에서 해커로 활동할 때만 상징적 함정 이상의 무언가에 대한 생각을 품는다. 그는 여기서 매트릭스라는 아이디어를 접하고, 얼마 지나지 않아 체포되어 도저히 설명할 수 없는 일련의 사건을 겪는다. 꿈을 꿨다고 가정해야만 합리화할 수 있는 경험이다. 다시 말해 그 사건들은 가상이었다.

나중에 그는 이 악몽 같은 사건들이 꿈이 아니었다는 사실을 알게 되고 설명을 듣는다. 그가 진짜라고 여겨온 세계가 사실 정교한 허구라는 것이다. 토머스는 일종의 휴면 상태에 있으며, 인류를 사실상 노예로 만들고 그들의 생체 전기 에너지로 전력을 공급 받는 인공지능 네트워크에 연결된 포드에 갇혀 있다는 설명이 이어진다. 비유로서 이 네트워크를 상징질서의 대표로, 이 가짜 현실 속의 정체성과 개인적 경험을 가상의 대표로 본다면, 토머스가 마주한 새로운 세계, 즉 포드와 인공지능 지배자의 현실은 진짜라고 할 수 있다.

그러나 이 비유는 실재계를 파악할 수 없다는 점에서 무너진다. 영화 속 모피어스 캐릭터가 실제로 "실재의 사막"이라고 부르는 포드의 세계는 라캉적 용어로는 상징계의 또 다른 형태일 뿐이다. 진정한 라캉적 버전의 〈매트릭스〉라면 현실의 무한한 층위가 끝없이 이어지고, 그 각각이 또 다른 상징계의 변형일 뿐이며, 실재계 영역은 결코 명확히 드러나지 않는 형태였을 것이다. 혹은 이렇게도 말할 수 있다. 이 영화에서 가장 라캉적인 부분은 초반부에서 토머스가 소외된 삶의 단조로움을 경험하면서도 그 안에서 딱 꼬집어 말할 수 없는 무엇, 설명할 수 없는 압박감, 모든 것을 포괄한다고 여겨지는 현실의 구조가 실제로는 전혀 모든 것을 포괄하지 않는다는 사실을 경험할 때다.

라캉에게 세계에 대한 진정한 주체적 참여의 가능성을 제공하는 것은 실재계에 대한 끈기다. 실재계 없이는 모든 것이 미리 정해져 있다. 그러나 실재계는 우리가 점유할 수 있는 것이 아니다. 우리는 상징계와 상상계 안에서 살아가야 하며, 그 속에서 실재계는 언제나 압박을 가한다. 이 개념을 포착하기 위해 라캉은 바로미언 매듭이라는 기묘한 원들의 배열을 활용한다.

바로미언 매듭은 띠 세 개가 서로 맞물린 러시아식 결혼반지와 비슷하다. 중요한 차이점은 띠가 서로 얽힌 방식이다. 러시아식 결혼반지는 띠 하나를 잘라내도 나머지 두 개는 연결된 채로 남는다. 바로미언 매듭의 경우 각 띠는 다른 띠와 서로 엮여 있어 어느 하나를 자르면 다른 둘도 분리된다. 바로미언 매듭은 집에서 고무줄을 사용하여 직접 만들어 볼 수 있다.

그림 4.1 상상계, 상징계, 실재계 영역의 매듭.

라캉이 매듭으로 강조하고자 하는 요점은 상상계, 상징계, 실재계가 단순히 세상을 경험하는 세 가지 방식이나 인간 경험의 각기 다른 측면을 가능하게 하는 세 가지 장치가 아니라는 것이다. 오히려 이 세 영역 또는 양식은 필연적으로 항상 함께 작동한다. 우리가 경험하는 매 순간에는 상상계, 상징계, 실재계 요소가 함께 얽혀 있으며 서로 분리될 수 없다. 이들이 분리되면 정신증psychosis의 경우처럼 우리가 현실이라고 여기는 경험 자체가 무너지게 된다.

4장에서는 라캉이 제시한 상상계, 상징계, 실재계의 삼분법적 개념을 살펴보았다. 핵심 개념은 다음과 같다.

- 정체성은 항상 진행 중인 동일시의 과정이다. 우리의 동일시는 세상과, 그리고 세상 속 다른 사람들과 맺는 관계를 형성한다. 라캉은 이러한 경험 방식을 상상계라고 부른다.
- 우리는 언어와 다른 규칙 체계들로 이루어진 세상에 태어난다. 이러한 구조는 우리가 세상을 경험하는 방식을 지배한다. 라캉은 이러한 경험 방식을 상징계라고 부른다. 언어가 우리에게 항상 이질적인 동시에 우리가 자신을 알고 생각하는 주요 수단이라는 사실은 우리가 자신에게서 항상 소외되어 있음을 의미한다.
- 우리는 동일시 과정과 언어를 통해 세상을 이해하고 세상과 관계를 맺을 수 있지만 이는 필연적으로 불완전한 경험 방식이다. 우리의 동일시를 넘어서는 것, 세상에 대한 우리의 경험을 표현할 수 있는 능력을 넘어서는 무언가가 항상 존재한다. 라캉은 이를 실재계라고 부른다.
- 세상을 경험하는 이 세 가지 방식은 고리 중 하나를 자르면 나머지 두 고리도 서로 분리되는 구조의 독특한 매듭으로 묶여 있다.

5장. 오브제 프티 아

라캉은 상상계, 상징계, 실재계를 서로 얽어매는 도식으로 바로미언 매듭을 제시하면서 그 중앙에 소문자 'a'를 배치한다. 이 'a'는 라캉의 연구에서 가장 널리 알려진 개념 중 하나인 '오브제 프티 아objet petit a'를 가리킨다. 오늘날 라캉을 다루는 저술가들은 대체로 이 용어를 번역하지 않고 그대로 두지만 텍스트마다 조금씩 다르게 표기된 형태가 보이기도 한다. '오브제'는 프랑스어로 '대상object'을 뜻하며 영어에서와 마찬가지로 일상적 사물을 지칭하기도 하고, 특정한 정신분석적 개념인 대상(예를 들면 정서적 또는 성적 에너지의 대상)을 뜻하기도 하며 주체subject 개념과 반대되는 개념으로도 사용된다. 주체라는 용어는 철학에서 일반적으로 사람의 추상적 개념을 가리킬 때 사용된다. 또한 주체를 뜻하는 프랑스어 'sujet'는 분석 주체나 정신분석을 받는 환자 또는 내담자를 대체하는 용어로 사용되기도 한다. 여기서 '프티 아', 그러니까 작은 a는 단순히 소문자 a를 나타낸다. 원래 이 a는 '다른other'을 의미하는 프랑스어 'autre'의 소문자 첫 글자를 가리키는 말이다. 따라서 '오브제 프티 아'는 '작은 대상 a'로 번역될 수 있다.

라캉이 '다른autre/other'에 대해 이야기할 때 이는 다른 사람들, 특히 나와 다른 사람들이라는 의미로 사용된다. 즉 이 용어는 조용히 주체에 대한 생각을 불러일으키고 차이에 중점을 둔다. 라캉은 이 개념을 특정한 용어로 변환함으로써 그것이 어떤 구체적 적용과도 구별되는 개념임을 드러내려 한다. 그러니까 '오브제 프티 아'의 '아'가 원래는 '다른 사람other person'을 가리켰다 하더라도 이를 한 글자로 환원하면서 대수 단위 같은 것으로 바꾸어놓은 것이다. 수학 시간에 만나봤을 x나 y처럼 말이다. 이 대수 단위에서 중요한 것은 그 자체로는 아무런 값을 갖지 않지만 값의 자리 표시자로서 기능한다는 것이다. 또한 대수 단위에는 의미도 없다. 대수 단위는 사과도 오렌지도 달러도 미터도 아니라는 말이다. 대수 단위는 공백이다. 라캉의 '아'도 마찬가지다.

여기서 중요한 측면은 동일시를 형성하고 상상계 차원에서 연결하려는 경향을 의식한 라캉이 자신이 가르치는 사람들(또는 나중에 그의 책을 읽는 사람들)이 이러한 상상의 유혹에 빠지는 것을 막기 위해 최선을 다했다는 점이다. 이미 존재하는 단어(예를 들어 'autre')를 그대로 사용했다면 사람들로 하여금 그 단어를 특정한 의미에 제한하여 이해하게 할 뿐아니라 그 단어와 관련해 자기만의 개인적 연결이나 연상을 형성하도록 부추겼을 것이다. 단순한 소문자 'a'는 그 외양이 훨씬 중립적이며, 가치나 의미에서 자유로운 지위를 어느 정도 획득한다고도 할 수 있다. 하지만 이 유혹에서 진정으로 벗어날 수는 없을 것이다. 우리는 여전히 '오브제 프티 아'를 구체적으로 사용하는 경향이 있으며, 특정한 예시가 반복적으로 유포되고 지배적이 된다. 4장에서 살펴본 바와 같이 상상계에서 진정으로 벗어나는 것은 불가능하다.

앞서 언급했듯 정신분석학 분야에서 대상에 대한 개념은 특정한 명시적 의미를 갖는다. 다른 사람들과의 형성적이고 지속적인 만남에서 우리는 어떠한 생각들을 만들어낸다. 이러한 생각은 일종의 안정감 혹은 일관성을 제공하는 역할을 한다. 당신의 어머니는 당연히 좋아하는 것, 싫어하는 것, 분위기, 심지어 외모까지 복잡하고 다양한 면이 있는 사람이며, 상황에 따라 다른 방식으로 행동하고 말할 것이다. 하지만 어머니를 인식하고 어머니와 관계를 맺기 위해서는 어머니에 대한 일관적 의미를 추출해내야 한다. 라캉의 거울 단계 이론에서 우리가 자신에 대해 가지는 생각이 진실이 아닌 것과 마찬가지로 우리가 다른 사람에 대해 가진 생각도 결코 진실이 될 수 없다. 그렇기에 사람은 너무 복잡하고 다양하다. 예컨대 우리는 어머니의 복잡성을 모두 파악할 수 없는데 어머니에 대한 인식 없이는 제대로 기능할 수 없다. 따라서 우리가 내면화하는 것은 어머니의 유형이다. 프로이트는 이 유형을 대상이라고 불렀다. 간단히 말해 대상은 정신분석학적 의미에서 우리 삶에 있는 사람들의 내면적 유형이다.

라캉이 '오브제 프티 아'를 이야기한다면 그는 다른 사람들에 대해 언급하는 것이다. 하지만 각자의 고유한 개성을 가지고 개별적 삶을 사는 다른 사람들을 뜻하는 것은 아니다. 그보다는 당신에게 있어서의 다른 사람들을 의미하는 것이다. 당신이 관계 맺고 있는 것은 다른 사람들의 유형이다. 객관적이라고 여겨지는 관점에서는 이론의 여지가 있는 유형이라고 해도 그렇다.

여기서 한 가지 중요한 지점이 강조된다. 정신분석적 관점에서 객관적 관점이라는 것은 존재하지 않는다. 객관적 관점이라는 개념이 무의미하다고 말하는 것이 더 나을 수도 있겠다. 이것은 정신분석적 실천과 임상의 본질에 대한 설명이다. 예를 들어 분석 주체가 남편이 한 말에 대해 분석가에게 이야기하는 경우, 그 이야기가 경험적으로 정확한지, 실제로 그가 말한 내용이 맞는지, 현실에서 일어난 일인지 꿈에서 일어난 일인지, 분석 주체가 실제로 결혼한 것은 맞는지는 중요하지 않다. 중요한 것은 이 가정된 만남 혹은 대화가 그들에게 어떤 영향을 미쳤는지다. 더 철학적 관점에서 보더라도 이런 상황에서 객관적 진실을 규명하는 것은 불가능하다는 기본 전제가 있다. 분석가는 오직 분석 주체가 만들어내는 유형에만 관심이 있다.

라캉이 '오브제 프티 아'라는 용어를 사용한 시점은 1957년이지만 그가 이 용어를 통해 전달하고자 하는 개념은 이미 「거울 단계」 논문에서 분명하게 드러난다. 그는 이후 반드시 동일하지는 않지만 유사한 개념을 전달하기 위해 여러 다른 용어를 사용하며, 이를 통해 우리가 이 개념의 다른 측면으로 이해할 수 있는 부분들에 주목하게 한다. 이러한 다른 용어에는 '다스 딩das Ding'(독일어에서 유래한 것으로 사물이라는 뜻), '래트하우스lathouse'(번역이 불가능한 신조어로 대략 '작은 뭐시기'라고 표현할 수 있다.), '아갈마agalma'(본래 조각상을 의미하지만 라캉의 용법에서는 우리의 욕망을 불러일으키거나 지속하게 하는 신비롭고 불가해한 어떤 것을 지칭한다.), 잉여 주이상스surplus jouissance(마르크스의 잉여 가치 이론에서 유래한 말로, 다른 사람은 즐기지만 우리는 누리지 못하는 쾌감에 대해 상상하는 것을 의미한다.)이 포함된다. '오브제 프티 아'는 흔히 욕망의 대상 또는 욕망의 대상 원인이라고 불리기도 한다.

우리는 욕망의 대상을 생각할 때 보통 물질적인 것을, 사치품이나 호평 받는 예술 작품처럼 우리가 원하는 것을 떠올린다. 이 용어를 구글에 검색하면 1977년 스페인 영화 감독 루이스 부뉴엘의 영화 〈욕망의 모호한 대상〉에 대한 언급을 많이 찾을 수 있을 것이다. 부뉴엘의 영화는 마티외라는 한 남자가 콘치타라는 젊은 여성에게 품는 일생의 열광, 아니 욕망에 관한 이야기이다. 초현실주의자였던 부뉴엘은 정신분석과 꿈, 무의식에 대한 탐구에 관심이 많았으며 그의 수많은 작품에서 이러한 관심이 고스란히 드러난다. 그 '욕망의 모호한 대상'이 일련의 회상 장면으로 이야기되는 점

자체도 정신분석 세션의 역동을 떠올리게 한다. 욕망의 대상을 다른 사람으로 보는 것은 그리 드문 일은 아니지만 부뉴엘 영화에서 대상으로서의 사람은 앞서 설명한 정신분석의 대상 개념에 놀라울 정도로 가깝다는 점을 강조할 필요가 있다. 이는 영화의 다음 두 가지 점에서 특히 두드러진다. 첫째, 영화에서 콘치타 역은 서로 다른 두 여배우가 연기하는데 순차적으로가 아니라 서로 돌아가며 한다. 둘째, 콘치타에 대한 마티외의 욕망은 결코 완성되지 않는다.

두 여배우의 기용은 대상의 특정한 정신분석적 의미를 드러내기 위한 장치로 이해할 수 있다. 대상은 그 사람 자체가 아니라 그 사람의 내면화된 형태 혹은 그의 한 가지 유형인 것이다. 또한 이는 대상으로서의 사람은 결코 일관적이거나 자기 동일적인 존재가 아니라는 사실에 주목하게 한다. 상식적으로 생각해서 누군가 또는 무언가가 동일해야 하는 존재가 있다면 그것은 바로 자기 자신일 것이다. 그것이 바로 '동일하다'라는 단어의 의미이기 때문이다. 두 가지가 서로 같다면, 같은 정체성을 공유한다면 그 둘은 동일하다. 누군가와 그 자신의 정체성이 서로 다를 수 있다고 생각하는 것은 다소 터무니없게 느껴진다. 그럼에도 그것이 바로 정신분석학에서 제안하는 바다. 우리는 거울 단계에서 제기되는 정체성의 문제를 상기해야 한다. 정체성이 태어날 때가 아니라 그 이후에 외부 세계와의 만남에서 오는 것이며, 우리 자신의 경험과 결코 일치하지 않는 외부 세계의 이미지에 근거해 가정된다는 사실 말이다. 이것은 우리가, 그리고 일반적으로 사람들이 자기 동일적이지 않을 수도 있다는 생각을 어느 정도 이해하게 해준다.

두 여배우의 기용은 우리가 욕망하는 것은 실제로 우리가 현실에서 마주치는 그것이 결코 아니라는 사실을 짚기 위한 장치로도 이해될 수 있다. 앞서 언급했듯 1960년 라캉은 플라톤의 『향연Symposion』에 나오는 그리스어 '아갈마'라는 용어를 사용하여 흔히 '오브제 프티 아'라고 불리는 개념을 광범위하게 지칭했다. 『향연』은 주로 사랑에 대한 개념을 다루고 있으며, '아갈마'라는 용어는 등장인물 알키비아데스가 우리로 하여금 어떤 이와 사랑에 빠지게 만드는, 그 사람의 식별 불가능하거나 숨겨진 측면 혹은 요소를 지칭하기 위해 사용한다. 그 '알 수 없는 어떤 것 je ne sais quoi' 말이다. 이 개념을 염두에 둔다면 우리는 일상적 의미에서의 그 사람을 우리를 열광하게 하고 욕망이 지속되게 하는, 손가락으로 짚을 수 없는 그 무엇과 분리하기 시작할 수 있다. 이는 콘치타에 대한 마티외의 욕망이 결코 완성되지 않는다는 두 번째 요점과 연결된다.

정말 목이 마르면 큰 잔으로 찬물을 마시고 갈증을 해소할 수 있다. 그러면 우리는 목마름을 느끼지 않게 된다. 배가 고플 때는 음식을 먹으면 배고픔이 사라진다. 추우면 점퍼를 입으면 된다. 피곤하면 잠을 잔다. 이 각각의 경우에는 무언가가 빠져 있고 빠진 무언가를 찾음으로써 그 틈새를 채운다. 라캉은 이 틈새를 욕구라고 부른다.

　욕구는 일반적으로 생물학적이거나 신체에 기반을 둔다. 우리는 먹고, 자고, 마시는 등의 행동을 해야 한다. 이러한 욕구들은 아기들을 보면 매우 명확하게 관찰할 수 있다. 아기를 울게 만드는 것은 보통 욕구다. 욕구를 충족해줄 것이 제공되기만 하면 아기는 울음을 그친다.

　그러나 아기의 경우에 흥미로운 점은 이러한 기본 욕구의 충족에는 거의 항상 관심, 애정, 사랑이 동반된다는 것이다. 아기가 배고파하면 (보통) 엄마가 젖을 먹이며, 이 행위에는 피부와 피부의 접촉, 모유(혹은 데운 분유)의 부드러운 따뜻함, 포옹과 안전감이 포함된다. 그러면 아기는 여기에서 자신의 필요를 충족할 음식의 도착과 사랑의 도착을 연관 짓기 시작할 것이다. 이제 아기는 이 사랑스러운 느낌에 애착을 형성하고, 배가 고프거나 피곤하거나 불편할 때만이 아니라 사랑을 원해서도 울기 시작할 가능성이 높다.

　라캉은 이 두 번째 결여를 욕구와 구분하여 요구라고 부른다. 욕구의 초점이 욕구를 충족해줄 물건에 있다면(정말 배가 고프다면 누가 음식을 가져다주느냐는 중요하지 않다. 중요한 것은 음식이 도착한다는 사실이다.) 요구의 초점은 상대방, 특히 사랑에 있다. 라캉은 우리가 요구하는 것이 무엇이든 명시적으로 요구된 것의 이면에는 사랑에 대한 요구가 있다고 말한다. 당신이 친구나 선생님에게 과제를 도와달라고 부탁할 때 당신은 정말로 과제에 대한 도움이 필요한 것일 수도 있지만 그와 함께 관심, 곁에 있어줄 사람, 그리고 사랑도 원할 가능성이 크다. 어쩌면 특히 더 원하는 것은 후자일 수도 있다.

욕망은 무언가를 원하는 이 두 가지 방식과 구별된다. 라캉에게 욕망은 항상 '오브제 프티 아'에 대한 욕망이다. 욕구는 일시적일지라도 충족될 수 있다. 배가 고플 때 샌드위치를 먹으면 배가 고프지 않게 된다. 물론 다시 배가 고파지겠지만 다른 음식을 먹으면 다시 배고프지 않게 된다. 요구의 경우 당신은 사랑을 원하고, 관심과 애정, 즉 사랑의 표현이나 표시를 받지만 이는 샌드위치와는 다르다. 기분을 좋게 만드는 데는 어느 정도 도움이 될지 모르지만 음식이 배고픔을 채워주는 것처럼 명백한 방식으로 틈새를 채워주지는 않는다. 욕망은 이 단계에서 한 걸음 더 불가능에 가까워진다. 라캉이 이해한 바에 따르면 욕망은 결코 충족되지 않는다.

다소 비관적이거나 운명론적으로 들릴 수 있다. 욕망이 결코 충족될 수 없다면 무슨 의미가 있을까? 의미는 욕망이 결코 충족될 수 없다는 바로 그 사실에 있다고 주장해볼 수 있겠다. 반대로 생각해서 욕망이 충족될 수 있다면 그 이후에 우리는 무엇을 할 수 있을까? 영원히 충족되지 않는 욕망이 바로 우리를 계속 움직이게 하는 원동력이다. 욕망이 삶의 원동력이라고도 할 수 있겠다. 어떤 형태로든 욕망은 우리로 하여금 아침에 일어나고, 공부하고, 직업을 찾고, 책을 쓰고, 산에 오르고, 교훈을 배우고, 성관계를 갖고, 관계를 형성하고, 아이를 갖도록 동기를 부여한다. 하지만 이러한 일들이 아무리 즐겁거나 만족스럽더라도 실제로 우리의 욕망을 소진하는 것은 아니다. 학교에서 원하는 성적을 달성하고 나면 우리의 관심은 대학으로 옮겨 간다. 학위를 취득한 후에는 다른 학위를 취득하거나 취업을 선택할 것이다. 꿈에 그리던 직장에 취직하면 승진하거나 자신의 사업을 시작하고 싶을 것이다. 단순히 더 많은 돈을 벌고 싶을 수도 있다. 책 혹은 노래를 쓰거나 그림을 그리는 사람 중에 책이나 노래를 하나만 쓰거나 그림 하나만 그리는 사람은 거의 없다. 섹스를 한 번만 하는 사람은 더 적다. 결혼을 한 번만 하거나 아이를 하나만 낳을 수는 있지만 이는 의미상 미완의 욕망이다. 관계는 계속 발전하고 지속적 관심을 필요로 하며, 아이는 성장하고 우리의 욕망은 우리 아이들이 성공하기를, 꽃을 피우고 행복하기를 바라는 것으로 바뀌기 때문이다. 요점은 욕망은 끝이 없으며 이 끝없음 자체가 삶의 움직임이라는 것이다. 물론 욕망의 그 끝없음이 극도의 좌절감을 주는 것도 사실이다.

그렇다면 '오브제 프티 아'는 우리가 원하는 다른 모든 것들에 대한 개념적 대용품이자, 욕망을 추상적 방식으로 이해하기 위해 이론적 추측을 전개할 수 있는 수학적 자리 표시자로 이해될 수도 있다. 그러나 라캉의 생각은 어떤 의미에서는 이와 정반대다. 라캉에게는 다른 모든 것이 '오브제 프티 아'의 대용품이다. 우리가 욕망하는 경험적이거나 심지어 추상적인 것(예를 들어 사랑이나 행복)은 모두 '오브제 프티 아'의 대체물이라고 라캉은 주장한다. 그리고 그것들은 '오브제 프티 아'의 대체물이므로 그것들을 얻는 일은 결코 가려운 곳을 긁어주지 못한다.

1980년대에 코카콜라 컴퍼니는 "코카콜라가 바로 그것이다!Coke is it!"라는 슬로건으로 성공적이며 눈길을 사로잡는 광고 캠페인을 진행했다.(1984) "그것"이 무엇인지에 대한 설명은 전혀 없었지만 바로 그 점이 요점이었다. 정답은 콜라였던 것 같다. 콜라가 궁극적 만족감을 주는 음료라는 의미에서 말이다. 콜라가 "그것"이었다. 물론 사실은 그렇지 않지만. 광고의 역설은 콜라에 함유된 당분이 목을 마르게 하기 때문에 콜라를 마시면 더 많이 마시고 싶어진다는 것이었다. '오브제 프티 아'의 다른 모든 대체물과 마찬가지로 콜라는 전혀 "그것"이 아니며, 그렇기 때문에 콜라를 손에 쥐었을 때 (또는 마실 때) 욕망은 충족되지 않은 채로 남아 있다.

그렇다면 우리가 원한다고 생각하는 모든 것의 배후에 있는 이 신비한 '오브제 프티 아'는 무엇일까? 라캉에 따르면 그것은 '욕망의 대상 원인'이다. 그것은 우리를 욕망하게 만드는 것이다. 그것은 무엇인가? 간단히 말하면 그것은 결여의 존재다.

'오브제 프티 아'에 대한 유용한 은유는 아마도 블랙홀

일 것이다. 블랙홀은 관측할 수 없는 실체이며, 블랙홀 안팎의 중력은 너무 강해서 빛을 포함하여 아무것도 그곳에서 빠져나갈 수 없다. 블랙홀에서 관찰할 수 있는 것은 부재이며, 더 중요하게는 다른 독립체들에 미치는 효과다. 이론적으로 우리는 블랙홀 주변을 돌 수 있지만 결코 블랙홀을 그 자체로 파악할 수는 없다. 강력한 블랙홀의 중력은 아무것도 빠져나갈 수 없게 만들 뿐 아니라 가차 없고 저항할 수 없는 인력도 발휘한다. 블랙홀은 아무리 멀리 있는 것도 블랙홀 쪽으로, 블랙홀 안으로 빨아들인다. 이런 의미에서 우리는 '오브제 프티 아'를 블랙홀에 비유할 수 있다. 블랙홀처럼 그것은 부재로서만 감지될 수 있다. '오브제 프티 아'는 그 자체로는 감지할 수 없지만 그것의 효과를 통해서 식별할 수 있다는 뜻이다. 그리고 그 효과 중 한 가지는 한결같은 끌어당김이다. 따라서 '오브제 프티 아'는 틈새를, 부재를, 결여를 묘사한다. 그러나 그것은 생산적 결여다. 계속해서 엄청난 효과들을 만들어내기 때문이다.

　프로이트의 이론에 따르면 우리는 태어날 때부터 일련의 상실을 경험한다. 이 상실은 우리에게 흔적을 남기고, 잃어버린 일체감이나 유대감을 다시 회복하기 위해 영원히 애쓰게 한다. 자궁 속에서 아이는 탯줄로 어머니와 연결되어 있으며, 따라서 어떤 의미에서 어머니와 아이는 하나다. 출생 이후 아이는 더는 물리적으로 어머니에게 붙어 있지 않지만 많은 부분에서 여전히 어머니에게 매달려 있다. 프로이트는 이 단계에서 젖가슴을 특히 강조했다. 모유를 먹는 아기는 말 그대로 엄마의 젖가슴에 달라붙어 있다. 결합이 일관적이고 완전히 감싸안긴 형태였던 자궁에서의 경험과 달리 모유를 먹는 아이는 젖가슴에 붙어 있을 때도 있고 그렇지 않을 때도 있다. 때로는 젖가슴이 거기에 있지만 때로는 그렇지 않다. 가끔은 강제로 떼어내지기도 한다. 출생과 함께 일어나는 최초의 분리 혹은 모자간 일체감의 상실은 만족의 대상이 비일관적으로 나타나는 불안정성으로 이어진다. 아이는 결국 젖을 떼게 되고 이 비일관성은 더 완전한 상실 속에서 마무리된다.

그러나 각 단계에는 모호한 점이 있다. 거의 틀림없이 자궁 안에서의 일체성은 전혀 일체성이 아니다. 그렇다. 태아와 어머니가 생물학적으로는 결합되어 있을지 몰라도 우리가 그들을 결합되어 있다거나 연결되어 있다고 생각한다는 사실 자체가 그들을 하나가 아닌 둘로 생각한다는 사실을 암시한다. 일반적으로 우리는 탯줄이 있음에도 별개의 독립체 둘이 있다는 것을 받아들인다. 출생 후에는 반복적으로 젖가슴과 붙었다 떨어졌다 하는 관계 자체가 이미 모호성을 암시하며 이 모호성은 아이가 성장함에 따라 어머니와의 관계 전반으로 이어진다.

여기서 요점은 상실이나 상실감이 있지만 이는 통제력, 상실의 인정 또는 독립을 위한 노력과도 밀접하게 결부되어 있다는 것이다.

또한 존재에서 의미로의 이동은 의미의 위치에서만 생각할 수 있다는 개념도 염두에 두어야 한다. 즉 존재에서 의미로의 이동은 소급하는 방식으로만 상정할 수 있다. 그렇다면 잃어버린 일체성이라는 단순한 생각은 가정에 불과한 것으로 보인다.

라캉은 결여의 실제 근원, 즉 무언가를 상실했다는 느낌은 다른 곳에서 생겨난다고 제안한다. 우리는 거울 단계의 유아가 자기라고 여겨지는 이미지와 마주하지만 그 이미지는 아이가 경험한 자신보다 일관되고 완전한 것처럼 보인다는 점을 살펴본 바 있다. 또한 우리 각자가 근본적으로 이질적인 언어의 세계에 태어난다는 사실도 살펴보았다. 우리는 이 이질적 언어 속으로 선택권 없이 태어날 뿐이고, 그 언어가 얼마나 이질적이든 그것이 우리 자신에 대한 생각을 형성하는 데 사용할 수 있는 유일한 수단이다. 거울에서, 그리고 당신이라는 존재를 표현하는 언어에서 가져온 당신이라는 관념 이전의 진정한 당신은 존재하지 않는다. 따라서 당신은 스스로에게 이질적인 존재, 소외된 존재라는 불가능한 위치에 갇히게 된다. 라캉은 이 생각들을 종합하여 인간 주체가 필연적으로 분열되어 있다고 주장한다. 우리는 존재와 의미 사이에 분열되어 있다. 우리는 우리 자신에 대한 경험과 우리 자신에 대한 생각으로 나뉘며, 모든 것을 담아낼 수 없는 언어의 무능력과 언어 없이는 아무것도 담아낼 수 없는 우리 자신의 무능력 때문에 분열된다.

라캉이 이를 표현하는 또 다른 방식은 우리가 금지 당했다barred고 말하는 것이다. 이를 나이트클럽의 출입을 금지 당한 경우에 빗대어 생각해볼 수 있다. 우리는 우리 자신에게 접근하는 것이 허용되지 않는다. 우리는 입장을 허락 받지 못한다. 또한 입장을 막는 막대기bar는 분리를 나타낸다. 우리가 지금까지 거의 언급하지 않은 고전적인 프로이트적 분리, 즉 의식과 무의식 사이의 분리다.

5장에서는 라캉의 '오브제 프티 아' 개념을 살펴보았다. 핵심 개념은 다음과 같다.

- 고전 정신분석학에서 대상은 다른 사람에 대한 우리의 정신적 표상이다.
- '오브제 프티 아'는 사실 전혀 사물이 아니다. 그것은 우리가 사람이든 사물이든 다른 대상들로 채우려 하는 틈이며, 우리를 완성해줄 부재하는 어떤 것이다.
- 틈새 혹은 우리가 느끼는 불완전함을 채워줄 무언가를 찾고자 하는 충동을 라캉은 욕망이라고 불렀다.
- 욕망은 다른 종류의 원함, 즉 욕구나 요구와 구별된다.

- 욕망은 결코 실제로 충족되지 않는다.
- 욕망은 결여의 동의어로 이해될 수 있다.
- 우리가 경험하는 결여는 일련의 불가능성과 단절에 뿌리를 두고 있다. 그 불가능성과 단절이란 아래와 같다.
    - 모든 것을 표현할 수 없는 언어의 불가능성.
    - 우리 자신에게 근본적으로 이질적인 방식으로만 우리 자신에 대해 생각할 수 있다는 사실.
    - 우리의 끝없는 동일시 과정의 기초가 외부 대상을 우리 자신으로 잘못 인식하는 데 있다는 사실.
    - 무의식과 의식 사이의 분리.

6장. 무의식

프로이트는 일반적으로 무의식의 발명 혹은 발견으로 알려져 있지만 이 개념에는 조금 더 오랜 역사가 있다. 무의식을 뜻하는 독일어 용어인 '운버부스터Unbewusste'는 1800년에 철학자 프리드리히 셸링이 『초월적 관념론 체계System Des Transzendentalen Idealismus』에서 사용했고, 얼마 후 시인 새뮤얼 테일러 콜리지가 자서전에서 무의식을 영어로 사용했다. 셸링이 이 용어를 사용했음에도 프로이트는 1923년 저서 『Das Ich un das Es』[1]에서 철학자들이 정신이나 사유에 대해 이야기할 때 거의 항상 의식적 정신이나 의식적 사유에 대해서만 이야기한다는 점을 지적했다. 프로이트의 요점은 인간의 사고와 존재에 대한 질문을 연구하고 탐구하는 철학자들이 우리 사고와 존재의 큰 부분을 놓치는 경향이 있다는 것이다. 그 점을 잘 보여주는 예로 데카르트의 『제일철학에

---

1 (역자 주) 자아와 원초아. 이 책은 『프로이트 전집 2』(홍준기 옮김, 2025)의 「자아와 이드」라는 제목으로 한국에서 번역, 출간되었다.

관한 성찰』을 들 수 있다. 데카르트는 자신이 확신할 수 있는 단 한 가지는 자신이 생각하고 있다는 사실이라는 결론에 도달한다. 여기서 데카르트의 '생각하기'는 자신이 무엇을 알 수 있는지를 의심하는 능동적 과정이기 때문에 그의 사고는 매우 의식적인 생각하기다. 심지어 그는 이 점을 어느 정도 스스로 인정하고 자신이 생각하지 않을 때는 어떻게 되는지 묻는 질문으로 의심을 확장한다. 생물학적 뇌 활동 수준에서는 항상 사고하고 있다고 반박할 수 있겠지만 데카르트가 의미하는 바는 그것이 아니다. 데카르트가 말하는 사고란 그가 자각하는 사고, 의식적 사고다. 데카르트는 우리가 우리의 사고를 자각하지 못하는 순간이 있다는 것을 제대로 인정한다. 우리 모두는 의심의 여지 없이 이 점에 공감할 수 있다. 자신이 무엇을 하고 있는지 인식하지 못할 정도로 어떤 활동에 빠져본 적 없는 사람이 있을까? 게다가 우리는 당연히 잠도 잔다. 이러한 의식적 사고의 공백은 데카르트에게 약간의 문제가 되었다. 자기 존재에 대한 그의 확신은 전적으로 그가 생각하고 있다는 사실에 근거를 둔다. 만약 그가 생각하고 있지 않다면 어떻게 여전히 자신이 존재한다고 확신할 수 있을까?

    이에 대한 그의 깔끔한 해법은 바로 신이다. 데카르트에 따르면 신은 속이지 않기 때문에 사고의 순간 사이의 틈새에서 존재의 연속성을 보증하는 역할을 할 수 있다. 이 문제에 대한 또 다른 해법은 단순히 무의식일 수도 있다.

프로이트는 무의식이라는 용어를 서로 연관되어 있지만 중요한 차이를 지니는 두 가지 방식으로 사용한다. 형용사로서 이 용어는 단순히 우리가 의식하지 못하는 생각이나 생각의 요소들을 나타낸다. 예를 들어 내가 은행원banker인 친구를 나도 모르게 얼간이wanker라고 불렀다면 그것은 내게 그를 깎아내리고 싶은 무의식적 충동이 있었기 때문이라고 할 수 있다. 하지만 프로이트는 이 용어를 명사로도 사용하여 무의식이라는 명백한 실체의 존재를 나타낸다.

프로이트는 그의 첫 번째 지형도(정신의 첫 번째 모형)라고 불리는 초기 연구에서 정신은 의식, 전의식, 무의식의 세 부분으로 구성된다고 주장했다. 전의식은 우리가 자유롭게 사용할 수 있는 지식과 기억, 즉 생각을 말한다. 지금 내가 하마라는 단어를 쓴다고 하자. 당신이 이 단어를 읽기 전에 이미 하마에 대해 생각하고 있었을 가능성은 낮지만(불가능하지는 않다.) 이 단어를 읽으면 하마를 쉽게 떠올릴 수 있다. 동물원에서 본 하마일 수도 있고, 당신이 좋아하는 부드러운 인형이나 동화책의 등장인물 또는 자연사 프로그램에서 본 하마일 수도 있다. 중요한 것은 당신이 하마가 무엇인지 알고 있을 뿐 아니라 기억에서 특정 하마를 불러올 수 있다는 것이다. 만약 내가 마지막으로 알몸의 성인을 본 것이 언제인지 기억해보라고 했다면 당신은 마찬가지로 거울 속 자신이나 파트너, 영화 속 이미지나 등장인물 등 그 상황을 쉽게 떠올릴 수 있었을 것이다.

이러한 기억이나 지식의 조각은 프로이트가 전의식이라고 부른 것 안에 존재한다. 당신이 그것들을 떠올릴 때 그것들은 의식 속으로 불려 들어온다.

프로이트에 따르면 의식 그 자체는 찰나의 순간이다. 의식 속에 아주 오래 머무르는 것은 없다. 단순히 우리의 주의가 끊임없이 새로운 것에 쏠리기 때문이다. 우리의 의식은 우리 주변에서 무슨 일이 일어나는지 지각해야 한다. 우리의 의식은 집중을 필요로 한다. 바라건대 이 글을 읽는 동안 여러분은 이 글과 내가 전달하려는 설명에 대해 의식하고 있다. 방 안에서 일어나는 다른 일들에 대해서는 아마 덜 의식하고 있을 것이다. 여러 일에 의식적으로 주의를 집중할 수 있는 사람은 거의 없기 때문이다.

여러분은 아마 큰 노력 없이도 마지막으로 본 알몸의 성인을 떠올릴 수 있었을 것이다. 아마 그리 오래전 일이 아니었을 것이다. 그런데 지금 여러분에게 처음으로 본 알몸의 성인을 기억해보라고 한다면 확실하게 기억해낼 수 있는 사람은 거의 없을 것이다. 사실 여러분 중 누구도 그렇게 할 수 없을 것이라고 생각한다. 이에 대한 한 가지 간단한 설명은 현재 성인인 사람이 벌거벗은 성인을 처음 본 것은 아주 오래전 아이였을 때이리라는 점이다. 우리 대부분은 아주 어렸을 때 옷을 입지 않은 부모님의 모습을 본 적이 있을 것이다. 우리가 이를 기억하지 못하는 것은 짐작건대 우리가 아주 어렸고 비교적 시간이 많이 흘렀기 때문일 것이다. 이 설명은 어느 정도 일리가 있다. 시간이 지남에 따라 기억을 떠올리기가 점점 어려워지는 것은 사실이기 때문이다. 그러나 이 설명만으로는 설득력이 부족하다. 시간이 지나면서 일어났던 일이나 세부 사항을 잊어버리는 것은 맞지만 이러한 퇴색이 완전히 균일하게 일어나지는 않는다. 기억해야 할 중요한 것들을 기억한다고 주장할 수도 있겠지만 안타깝게도 우리는 분명 중요히 여기는 많은 것을 잊어버리기도 한다. 프로이트는 여기서 무언가 다른 일이 일어난다고 보았다.

프로이트의 무의식 개념의 기초는 우리가 힘들고, 도전적이고, 갈등을 일으키거나 단순히 불쾌한 기억 혹은 생각을 억압한다는 것이다. 그는 이것이 자기 보존의 기본 방식이라고 주장한다. 여기서 우리는 아이가 경험을 받아들이는 과정과 대부분의 아이가 그렇듯 무언가를 입에 넣는 행위를 서로 비교해볼 수 있다.

어린아이들은 종종 온갖 종류의 물건을 입에 넣고 빨다가 버리거나 삼킨다. 여기서 작동하는 기본 메커니즘은 쾌감과 불쾌감이라고 가정할 수 있다. 입에 넣은 것이 맛이 좋거나 느낌이 좋으면 아이는 그것을 계속 입에 넣거나 삼킬 가능성이 높다. 만약 맛이 나쁘거나 입안을 아프게 하면 아이는 그것을 뱉어낼 가능성이 높다. 어쩌면 울음을 터트릴 수도 있다.

프로이트의 가설은 생각이나 경험에도 매우 유사한 일이 일어난다는 것이다. 어린이가 기분 좋은 것을 보거나 듣거나 경험하면 그리로 되돌아가려 할 가능성이 크다. 아이는 예전의 일을 재경험하고 그때 했던 행동을 함으로써 되돌아갈 수 있다. 혹은 그 일을 회상하고 머릿속에 떠올려 정신적으로 경험함으로써 되돌아갈 수도 있다. 반면 그 경험이 불쾌하거나 고통스럽고 어떤 의미에서는 위협적이거나 두려운 것이었다면 마치 달콤한 포도로 착각한 고약한 맛의 올리브를 뱉어내듯 그 생각을 내버리려고 할 것이다. 문제는 생각은 그렇게 간단히 뱉어낼 수 없다는 것이다.

　억압은 이에 대한 해결책으로, 나쁜 생각을 뱉어내는 것에 가장 가까운 차선책이다. 억압은 생각을 더는 쉽게 불러올 수 없도록 의식이나 전의식에서 무의식으로 추방하는 것이다. 그러나 추방된 음식과 추방된 생각 사이에는 분명한 차이가 있다. 추방된 음식은 몸에서 빠져나가 사라진다. 추방된 생각은 그렇지 않다. 의식과 전의식에서 빠져나간 것에 불과하다.

　프로이트는 억압된 기억이나 생각에는 자연스러운 부력, 즉 다시 떠오르는 성향이 있다고 주장했다. 무의식에 맡겨진 이상 그것들은 쉽게 다시 나타날 수는 없다. 억압의 힘이 그것들을 억누르기 때문이다. 억압된 것들은 그 대신 관련된 생각 혹은 기억에 집착하거나 신체적 증상으로 발현함으로써 다시 나타나려고 한다.

　프로이트가 발표한 유명한 사례들은 모두 이러한 기제가 작동하는 다양한 예를 제시한다. 프로이트가 실제로 정신분석가 또는 상담사로 활동했다는 점을 기억할 필요가 있다. 그는 무의식이라는 개념을 고립된 상태로 생각해낸 것이 아니라 환자의 행동, 증상 또는 독특한 고통 양식을 설명하기 위해 그 개념에 도달했다. 의사로서 프로이트가 첫 번째로 시도하는 설명은 항상 명백한 신체적 설명이었을 것이다. 환자가 지속적으로 기침을 한다면 프로이트는 기침을 유발하는 감염이나 부상이 있는지를 파악하려고 노력했을 것이다. 환자의 팔이 마비된 상태라면 신체적 부상이나 신경 손상을 먼저 치료하려고 했을 것이다. 프로이트는 신체적 원인을 배제한 후에야 정신적 원인을 찾았다. 분석 주체가 겪는 문제가 신체적 문제라기보다는 즉각적인 정신적 또는 행동적 문제일 때도 있었다. 환자가 설명할 수 없는 두려움, 즉 공포증에 사로잡히거나 반복적이고 해로운 행동 패턴에 갇힌 경우가 그것이다. 요컨대 프로이트는 어떤 식으로든 고통 받는 사람들과 함께 작업하면서 기존의 진단이나 설명으로는 쉽게 해결되지 않는, 설명할 수 없는 무언가가 작동한다는 사실을 발견했다. 따라서 무의식이라는 개념은 단순히 추상적인 이론 구조가 아니다. 그것은 우리 자신에 대한 이해에 틈새로서 나타난다.

앞의 논의에서 사용된 수많은 언어는 무의식이 우리 안의 한 공간 또는 측면이라는 인상을 주는 것 같다. 물리적 실체가 있기라도 한 것처럼 말이다. 한 학생이 "라캉을 물리적으로 이해할 수 없다."라고 불평한 적이 있다. 내 동료 중 한 사람이 약간 가혹한 말투로 쏘아붙이며 "정신을 써봐라."라고 되받았던 것도 기억난다. 여기서 요점은 정신과 무의식은 우리의 물리적 신체 일부를 지칭하는 것이 아니라는 것이다. 그럼에도 우리는 정신과 생각에 대해 '머릿속'에 있는 어떤 것처럼 말하는 경향이 있으며, 여기서 머리는 당연히 물리적인 것이다. 따라서 이 그림은 다소 혼란스러울 수 있다. 하지만 이러한 구분을 염두에 두는 것이 중요하다. 무의식은 흔히 지하실, 다락방, 창고와 같은 은유로 설명되지만 실제로는 공간이나 경험적 실체가 아니다. 억압된 생각은 물리적으로 어딘가에 저장된 것이 아니다. 억압된 생각은 실제로 아래로 밀려나지도, 그런 다음 실제로 떠오르거나 밖으로 나오지도 않는다. 이 모든 것은 단지 말하는 방식일 뿐이며, 때때로 약간의 오해를 일으킨다.

이것이 아마도 프로이트가 인간 정신의 작용을 이론화하는 방법으로서 의식/전의식/무의식 모형에서 점차 벗어난 이유 중 하나일 것이다. 이 물리적 은유는 무의식이 우리의 독립된 한 부분이며, 그 부분과 다른 부분 사이에 벽이나 잠글 수 있는 문처럼 깔끔한 구분이 있음을 암시하는 듯하다. 3장에서 살펴봤듯 프로이트는 이후 연구에서 자아, 원초아, 초자아 등 우리가 정신적 기제 또는 주체라고 부를 수 있는 것들에 초점을 맞춘 두 번째 모델을 개발했다. 이 모델에서 무의식이라는 용어는 형용사로 더 많이 사용되기 시작했다. 각 정신적 기제가 무의식적 힘의 일부라고 할 수 있기 때문이다.

라캉도 연구 초기에 무의식이라는 용어를 형용사로 사용하는 경향이 있었다. 그러나 그가 무의식을 명사로 쓰기 시작했을 때는 프로이트의 경우와 상당히 다른 방식이었다.

앞서 살펴본 것처럼 정신분석은 항상 언어와 관련이 있다. 정신분석의 기본은 두 사람이 고립된 상태에서 일방적 대화를 나누는 것이다. 요즘에는 점점 많은 사람이 줌이나 전화로 정신분석을 경험하긴 하지만 이것이 정신분석을 구성하는 근본적 역학에 영향을 미치지는 않는다. 전통적 방식으로는 같은 방에서 한 사람은 소파나 긴 의자에 눕고, 다른 사람은 그 뒤의 의자에 앉는다. 분석가는 분석 주체가 자신을 볼 수 없도록 분석 주체의 뒤에 자리 잡는 것이다. 이런 배치는 보통 장거리 또는 원격 분석에서도 재현된다. 이 배치는 말의 전경화, 즉 생산된 언어의 전경화를 가능하게 한다.

인간의 경험 전반에서, 그러나 특히 분석적 경험에서 이러한 언어의 중심성을 인식한 라캉은 언어와 언어의 작동 방식을 자기 이론의 핵심에 두었다. 흔히 언급되듯 프로이트는 구조언어학이라는 학문 분야가 등장하기 전에 정신분석에 대한 개념을 발전시켰다. 라캉은 이 두 분야를 한데 모은 사람이다. 우리는 이미 4장의 논의에서 언어라는 사실과 언어를 매개로 한 우리의 세계 경험이 어떻게 자신에 대한 이해를, 그리고 우리가 놓인 세상과 우리 자신이 맺는 관계를 구성하는지 살펴보았다. 이제 언어 자체와 언어가 어떻게 작동하는지를 더 자세히 살펴보자.

스위스의 언어학자 페르디낭 드 소쉬르는 일반적으로 구조언어학의 아버지로 여겨진다. 소쉬르는 언어가 기표와 기의라는 두 가지 기본 요소로 구성되어 있다고 주장했다. 기표는 우리가 흔히 단어라고 부르는 것(의미 생산이라는 측면에서 보면 구문일 수도 있다. 실제로 큰 차이는 없다.)이다. 기표는 글자로 쓰인 단어일 수도 있고, 말로 발화된 단어일 수도 있으며, 심지어 머릿속으로 생각한 단어일 수도 있다. 기표는 실제 단어의 개별적 적용 사례 뒤에 숨은 단어라는 개념이다. 따라서 'either'를 내가 '이더'라고 하든 당신이 '아이더'라고 하든 그 발음이 어떻든 우리는 모두 동일한 기표를 활용하는 것이다. 그렇지 않다면 우리는 서로를 이해할 수 없을 것이다. 기의는 기표의 대응항이다. 기의는 기표가 전달하고자 하는 생각 또는 개념이다. 중요한 것은 소쉬르에게 기의는 이 세상에 존재하는 사물이 아니라는 점이다. 기의는 개념이다. 따라서 토마토라고 하면 나에게는 토마토에 대한 생각이 떠오른다. 실제 토마토가 존재할 필요는 없다. 소쉬르에게 이 점이 중요한 이유는 언어가 단순히 세상의 사물을 가리키는 방법이 아니라 일관된 체계라는 사실을 강조하기 때문이다.

또한 소쉬르는 기의와 기표가 결합되어 있다고 주장한다. 말하기나 쓰기를 통한 기표의 생산은 청자나 독자에게 기의를 전달한다(물론 화자와 작가에게도). 이 둘은 서로 결합되어 있다. 기의가 붙어 있지 않은 기표는 기표가 아니라

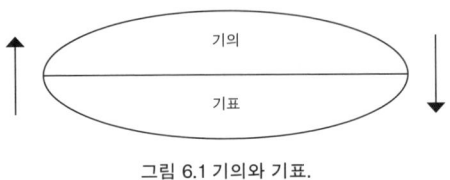

그림 6.1 기의와 기표.

소음이나 낙서가 될 것이다. 기표 없는 기의는 아예 상상조차 할 수 없다.

하지만 그렇다고 이 둘 사이에 반드시 배타적 일 대 일 관계가 있다는 것은 아니다. 한 단어가 두 가지 의미를 가지는 경우는 흔하다. '곰'이라는 뜻의 단어 'bear'와 '벌거벗은'을 뜻하는 단어 'bare'의 발음은 똑같지만 알다시피 그 의미는 상당히 다르다. 게다가 'bear'라는 단어 자체도 분명히 구별되는 두 가지 의미를 지닌다. 곰은 완전히 벌거벗을bare naked 수도 있고, 등에 무언가를 짊어질bear something on its back 수도 있다.[2]

게다가 우리는 실제로 고립된 기표들을 생성함으로써 의사소통을 하지 않는다. 기표는 항상 서로 연관된 채로 존재한다. 이 관계는 두 가지 측면에서 이루어진다. 우리는 의사소통할 때 반드시 순서를 따른다. 글로 쓰든 말로 하든 한 단어가 다른 단어에 이어진다. 단어가 어떤 순서로 이어

---

[2] (역자 주) 동음이의어와 다의어를 활용한 언어 유희다. 영어에서 bear와 bare는 발음은 같지만 철자와 의미가 다른 동음이의어다. 한편 bear만 보더라도 '곰'과 '지탱하다' 혹은 '견디다'라는 서로 다른 의미를 가진 다의어다.

지느냐에 따라 특정한 의미가 생성되며, 이 순서는 대체로 우리가 사용하는 언어의 규칙이나 문법에 의해 결정된다.

영어에서 문장은 일반적으로 주어와 서술어, 즉 문장의 핵심 초점이 되는 사람이나 사물과 그 사람이나 사물이 하는 일에 대한 내용을 필요로 한다. 서술어에는 항상 주어의 행동이나 상태를 나타내는 단어인 동사가 포함되어야 한다. 또한 설명적 단어나 위치 또는 관계를 나타내는 단어와 같은 약간의 추가 정보를 포함할 수도 있다. 또한 주어와 관련이 있으며, 동사로 연결되는 두 번째 사람이나 사물을 포함하는 경우도 많다. 우리는 이것을 목적어라고 부른다. "나는 애티커스를 사랑한다. I love Atticus."라는 문장에는 "애티커스"(목적어)에게 또는 그에 대해 "사랑하는"(동사) "나"(주어)가 포함되어 있다.

영어의 어순(통사론이라고 불리는 것)은 어느 정도 유연성이 있지만 이는 제한적이다. 순서를 너무 엉망으로 만들면 말이 일관성이 없거나 우스꽝스럽게 들린다. 〈스타워즈〉에 나오는 요다가 말하는 것처럼 들릴 수도 있다.

소쉬르는 이러한 단어의 전개 순서를 통사론적 축이라고 부른다. 영어의 구조는 이 축을 제한적으로 혹은 부분적으로 예측 가능하게 한다. 당신이 문장을 시작한다고 해서 내가 반드시 문장의 끝이 어떻게 될지 미리 알 수는 없지만 가능성은 무한하지 않다. 당신이 "피터가 찬다…Peter kicks…"라고 하면 문법 지식과 그 단어가 어떻게 또는 어떤 문맥에서 사용되는지에 대한 익숙함을 바탕으로 문장이 "…공을…the ball"로 이어질 것이라는 합리적 예측을 할 수 있다. 또는 "…제인을…Jane"이나 "…양동이를…the bucket"로 이어질 수도 있다. 단어나 구, 기표의 배열에는 적합한 것과 그렇지 않은 것이 있다.

문장 배열이 언제 끝나는 것인지도 불확실하다. 특히 구어에서 그렇다. "피터가 공을 찬다."는 거기서 끝나지 않고 "피터가 창문을 깨트릴 정도로 공을 세게 찬다.Peter kicks the ball so hard that it breaks the window."가 될 수도 있다. 더 길게 이어질 수도 있다. 소쉬르는 어느 한 시점에서 배열에 들어갈 수 있는 단어들의 선택지를 계열적 축이라고 부른다. 이는 아래와 같이 생각할 수 있다.

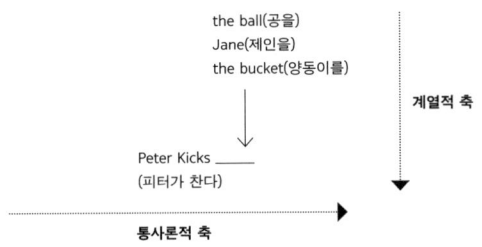

그림 6.2 통사론적 축과 계열적 축.

계열적 축에서의 선택 각각은 통사론적 축에서 그 뒤에 올 수 있는 선택지를 차단하거나 수정한다. 채워진 통사론적 축은 다시 계열적 축에서 고를 수 있는 선택지를 차단하거나 결정한다.

소쉬르의 통찰(여기서는 아주 기초적인 것만 설명했지만)은 라캉이 주체가 어떻게 언어와 또는 언어를 통해서 관계를 맺는지 생각하는 데 도움이 되었다. 또한 이는 라캉이 프로이트의 이론을 발전시키는 과정에서 매우 중요하고 영향력이 크며 폭넓게 뻗어나가는 측면을 구성한다. 그리고 그 측면은 그가 주체를 어떻게 사고하는지, 그리고 필연적으로 무의식을 어떻게 생각하는지에 영향을 미친다.

기표와 기의의 기본 개념으로 돌아가서, 라캉은 이 단순해 보이는 관찰을 논리적 결론과 그로부터 파생되는 파급적 의미로 발전시킨다. 기표와 기의는 서로 결합되어 있지만 이 결합의 한쪽 면만 관찰이 가능하다. 우리는 단어를 말하거나 쓴다. 그리고 단어를 듣거나 읽는다. 기표는 언어의 이러한 명시적 측면이다. 그러나 언어에는 항상 보이지 않고 식별할 수 없지만 절대적으로 필요한 측면인 기의가 수반되며 기의 없이는 언어가 존재하지 않고 소음과 낙서만 존재한다. 하지만 이 필수 요소는 보이거나 들리지 않는다. 보이거나 들리지 않음에도 그 영향력은 분명하다. 막대기와 돌은 뼈를 부러트릴 수 있지만 그것들의 이름은 결코 사람을 다치게 하지 않는다고들 한다. 하지만 이는 틀린 말이다. 말은 우리에게 매우 깊은 영향을 미친다. 그것이 의미하는 바가 있기 때문에 그렇다. 언어의 이 명백하지만 보이지 않는 차원은 프로이트가 오래전에 사용했던 공식에 공명한다.

프로이트는 첫 번째 위대한 저작인 『꿈의 해석Die Traumdeutung』에서 꿈에는 명시적 내용과 잠재적 내용이 모두 있다고 썼다. 라캉이 언어와 관련하여 주목한 요점은 부분적으로 바로 이것이다. 꿈과 마찬가지로 일상 언어에도 명시적 내용과 잠재적 내용, 즉 기표와 기의가 있다.

프로이트는 같은 책에서 꿈의 작동 방식에 대한 다른 측면들도 설명하는데 그중 핵심은 대체와 응축이다. 대체는 한 생각이 어떤 식으로든 관련된 다른 생각으로 옮겨지는 과정을 말한다. 우리는 흔히 꿈에서 한 사람에 대한 감정을 다른 사람에게 옮기는 듯하다. 예를 들어 당신은 스파이더맨에 대한 꿈을 꾸고 있지만 실제로는 피터라는 이름을 가진 당신의 아버지(마블 세계관을 잘 모르는 사람들을 위해 설명하자면 스파이더맨의 이름은 피터 파커다.)와 관련된 일을 신경 쓰고 있을 수 있다. 여기서 스파이더맨이라는 하나의 생각은 그 속성(이 경우 피터라는 이름)을 공유하는 다른 생각으로 대체된다. 또한 대체는 어떤 속성을 공유해서가 아니라 두 생각이 통상적으로 연관되어 있거나 일반적으로 한 생각이 다른 생각의 일부로 여겨지기 때문에 한 생각이 다른 생각으로 교체되는 형태를 취할 수도 있다. 당신은 낚시하는 꿈을 꾸고 있지만 당신의 실제 관심사는 어린 시절에 많은 시간을 함께 낚시하며 보냈던 할아버지일 수 있는 것이다. 특정한 스케이트보드가 나오는 꿈을 꾼다면 뜬금없게 느껴지겠지만 당신의 죽은 친구가 비슷한 스케이트보드를 가지고 있었던 것이 떠오르면 비로소 이해가 갈 것이다.

프로이트의 이론에서 이러한 각각의 예는 하나의 생각이 다른 생각으로 대체될 수 있음을 보여준다. 억압을 이해하는 일에서 요점은 억압된 생각은 정의상 그것이 억압된 것인 만큼 다루기가 너무 어렵거나 불쾌하다는 데 있다. 생각의 핵심을 한 표상에서 다른 표상으로 옮김으로써 억압되었던 것은 다소 수수께끼 같은 모습으로나마 자신을 드러낼 수 있다. 소쉬르의 용어를 활용하자면 기표는 동일하게 유지되는데 한 기의가 다른 기의로 대체된다고도 말할 수 있다.

응축도 비슷한 논리로 작동한다. 응축에서는 수많은 생각이 하나의 표상으로 병합된다. 남자 친구 꿈을 꾸는데 남자 친구가 아버지 옷을 입고 아버지처럼 행동한다고 상상해보라. 여러분의 꿈은 두 사람의 생각을 하나로 응축하여 한 개념으로 표현한 것이다.

라캉은 구조언어학에 대한 통찰을 끌어옴으로써 이러한 기제가 꿈의 작용에만 국한된 것이 아니라 우리가 깨어 있을 때 사용하는 언어에서도 항상 작동하고 있다는 사실을 깨닫게 해준다. 이는 부분적으로 소쉬르의 통사론적 축과 계열적 축의 관점에서 이해할 수 있다. 우리가 만들어내는 문장이 통사론적 축을 따라 펼쳐질 때 우리는 계열적 축에서 추가할 용어를 끊임없이 선택하며 문장이나 발화, 글쓰기를 이어간다. 이러한 과정은 수용적 차원에서도 작동한다. 무언가를 듣거나 읽을 때도 우리는 다음에 무엇이 나올지 끊임없이 예측한다. 무언가가 추가될 때마다 우리가 듣고 있는 문장의 잠재적 의미가 추가되거나 변경되기 때문이다.

그렇다고 우리가 항상 긴장 상태에 있다는 것은 아니다. 우리가 의미에 도달하는 지점, 뜻이 고정된 것처럼 보이는 지점이 있다. 하지만 그런 경우에도 잠재적 의미는 다시 열릴 수 있으며, 흔히 그렇게 될 것이다.

라캉은 이러한 고정 지점을 '푸앵 드 카피통point de capiton'이라고 불렀다. 천갈이를 전문으로 하는 사람들이 사용하는 단추를 뜻하는 프랑스어에서 차용한 용어다. 천갈이를 할 때 이 단추의 기능은 쿠션이나 의자 속 충전재가 움직이지 않도록 고정하는 것이다. 라캉의 '푸앵 드 카피통'도 이처럼 고정한다는 의미로 사용된다.

이에 대한 고전적 예는 '더 후'의 노래 〈마이 제너레이션〉이다. 로저 달트리는 "너 그냥…Why don't you just…"이라고 노래한 후 다음 단어를 보란 듯 더듬으며 'f' 소리를 반복한다. 이는 듣는 사람으로 하여금 다음에 무엇이 나올지, 즉 계열적 축에서 어떤 기표가 나올지 예상하게 하는 효과를 낸다. 가장 뻔한 것은 "꺼져.fuck off."겠지만 1965년 당시에는 팝송에서 사용할 수 있는 문구가 아니었을 것이다. 달트리는 "사라져버려.fade away."라고 노래하며 그 공백을 메운다. 그러나 "꺼져."는 실제로 발화되지 않았음에도 완전히 사라지지는 않았다.

이는 공공연히 드러나는 방식으로만 나타나는 것은 아

니다. 당신의 친구가 새로운 인생의 모험을 시작하기 위해 마을을 떠난다는 소식을 전했다고 상상해보자. 당신은 친구를 위해 진심으로 기쁘면서도 그가 이제 당신 곁에 없을 거라는 생각 때문에 달갑지 않은 감정도 느낄 수 있다. 그래서 당신은 '기쁘다glad'와 '슬프다sad'라는 기표를 응축해 '기프다 slad'라고 반응할지도 모른다. 나는 한 동료가 자기 결혼식 이야기를 길게 늘어놓는 것을 들은 적이 있다. 그런데 그가 '결혼식'이라고 말하려고 할 때마다 '장례식'이라고 했던 기억이 난다. 한 생각이 그와 연결된 다른 생각으로 옮겨진 것이다.

이러한 대체와 응축은 소쉬르의 계열적 축의 관점에서 이해될 수 있다. 대체의 경우는 (외견상) 잘못된 기표가 선택된 것이다. 응축의 경우는 사용 가능한 기표가 결합된 것이다.

앞서 말했듯 정신분석적 환경은 근본적으로 분석 주체가 이야기하는 행위에 기초한다. 분석 주체는 자유롭게 연상해야 한다. 프로이트와 그 이후의 정신분석가들이 이 연상이라는 용어에서 의미하는 바는 자신이 말하는 것에 대해 의식적으로 생각하지 않으려고 최대한 노력하면서 말한다는 것이다. 이는 우리가 자라면서 배우는 대화의 기본 규칙 중 많은 부분을 무시하는 것을 의미한다. 이러한 관습을 무시하는 것은 사실 상당히 어려운 일이다. 프로이트의 생각은 우리가 자유롭게 연상하는 데 성공할 수 있다면 무의식이 말할 기회를 더 많이 만들 수 있다는 것이었다. 우리는 보통 우리가 말을 건네는 상대방을 의식하고, 그들이 우리가 말하는 것에서 특정한 의미를 받아들이기를 원한다. 실제로는 어떤 의미를 받아들이는지 통제할 수 없음에도 그렇다. 아주 기본적인 수준에서 우리는 보통 앞뒤가 맞는 말을 하려고 노력한다. 주제 사이를 아무렇게나 뛰어다니는 일을 피한다. 적어도 우리 대부분은 그렇다. 우리는 흔히 사람들에게 할 말을 고르고 스스로를 검열하며, 부끄럽거나 수치스러운 생각 혹은 이야기, 심지어 특정 단어까지도 참는다. 우리는 보통 자신에 대한 특정한 생각을 전달하고 싶어 한다. 최소한 자신에 대한 어떤 생각은 드러내는 것을 피하고 싶기도 하다. 하지만 어떤 식으로 말을 하든 우리는 자신에 대한 생각을 혹은 수많은 생각을 전달하게 된다.

그렇다면 정신분석 임상의 맥락에서 분석 주체가 하는 모든 일은 자신에 대한 생각을 제시하거나 구성하는 것이라고 할 수 있을 것이다. 그들이 말하는 내용이 무엇이든(어린 시절, 부모, 결혼 생활, 꿈, 전날 밤에 본 영화, 저녁 식사 메뉴) 분석 주체는 모두 자신에 대해서(도) 이야기하고 있는 것이다.

라캉은 이러한 기본적 통찰을 받아들이고 이를 소쉬르의 기표와 기의 모형과 결합하여 자아, 즉 주체는 항상 한 기표에서 다른 기표로 전달되는 것이라는 사실에 주목한다. 어떤 의미에서는 우리가 발화에 의해 유지된다고도 말할 수 있다. 그러나 여기서 유지되는 것은 오직 발화 안에서만 존재하는 어떤 것이다. 물리적 실체로서의 우리가 발화를 멈추면 존재하기를 멈춘다는 의미는 물론 아니다. 오직 생각할 때만 자기 존재를 확신할 수 있는 데카르트의 생각하는 존재 개념과 비슷한 의미에서 그렇다는 것이다. 라캉의 요점은 여기서 더 나아가 우리의 생각을 가능하게 하는 도구, 즉 언어의 구조와 기표에 초점을 맞춘다. 우리는 언어 속에서 사유하며, 바로 그 사실이 우리를 유지한다.

여기서 작동하는 논리를 정리해보자. 언어는 기표(우리가 듣고, 보고, 말하고, 쓰는 단어나 구)와 기의(기표에 붙어 있거나 기표에 의해 유발되는 생각)로 구성된다. 기표는 항상 다른 기표와 연관되어 있다. 서로 대체가 가능하다는 의미에서도 그렇고, 서로를 예측한다는 의미에서도 그렇다. 따라서 어떤 발화든 그 직접적 의미뿐 아니라 여러 가지 다른 연상도 의도치 않게 함께 전달하거나 불러일으킬 수 있다. 이 연상은 언어에 있는 것이지 언어와 별개로 이루어지는 사고 과정에 있는 것이 아님을 기억해야 한다. 언어와 별개인 사고 과정은 없다. 따라서 우리는 발화된 내용에서 실제로 말해지지 않은 것을 듣는다. 우리가 듣고 있음을 인식하든 인식하지 못하든 그렇다. 우리는 문장이 어디로 향하고 있는지에 대해 우리가 만든 가정을 생각한다. 우리가 그것을 생각했음을 인식하든 인식하지 못하든 그렇다. 우리는 이런저런 기표들로 이런저런 연상을 한다. 이렇게 말하는 편이 더 나을지도 모르겠다. 연상은 이루어지고, 문장은 일정한 가능성을 열어주며, 기표들은 공명한다.

여기서 분명히 나올 법한 반박은 우리가 주변 사람들과 같은 언어를 사용한다고 해서 모두가 같은 어휘들을 알고 있는 것은 아니며, 우리가 아는 다양한 단어로 모두 같은 연상을 하는 것도 아니라는 것이다. 하지만 이것이 오히려 요점이다. 카프카의 소설에 나오는 법의 문처럼 우리 모두는 각자 고유한 언어 경험을 가지고 있다. 하지만 그렇다고 우리가 고유한 언어에 접근할 수 있다는 의미는 아니다. 언어의 기본 구조는 동일하게 유지된다.

4장에서 살펴본 요점을 상기하자. 언어는 필연적으로 우리 각자 이전에, 그리고 우리 각자의 바깥에 존재한다는 것 말이다. 언어가 외부적이고 근본적으로 이질적이라는 이 생각을 우리는 우리가 발화한 기표에 의해 만들어지고 전달된 존재라는 통찰과 결합하여 라캉은 무의식이라는 개념의 의미를 재고해야 한다는 결론에 다다른다.

많은 사람이 프로이트에게서 가져온 무의식의 개념은 그것이 내적 기능이라는 것이다. 이는 상식적인 이야기로 들린다. 우리 각자는 자기만의 세계 인식과 의식적 생각, 그리고 그에 따라오는 무의식적 생각을 지닌 독립된 존재이기 때문이다. 무의식이 과거의 억압된 생각으로 가득 차 있다는 생각 역시 이러한 관점에 부합한다.

프로이트가 무의식에 대한 개념을 내놓았을 때에도 그 개념은 다소 도발적인 것이었다. 사람들이 사실은 운전석에 앉아 있지 않고 자기를 통제할 수 없다는 생각은 제2의 코페르니쿠스 혁명이라고 불리기도 한다.

코페르니쿠스는 갈릴레오보다 몇 년 앞서 지구가 태양계의 중심이 아니라고 주장하면서 인류를 '자신들의' 우주의 물리적 중심에서 밀어냈다. 프로이트의 무의식에 대한 주장은 이보다 더 치명적 타격이다. 나(의식적 자기, 즉 자아)도 내 존재의 중심이 아니라는 것을 시사하기 때문이다. 라캉은 여기서 한 걸음 더 나아가 무의식은 개별적이지 않다고 주장한다.

라캉이 여기서 말하려는 바는 보편적 혹은 신화적이거나 공유된 무의식 같은 것이 아니다. 그는 오히려 더 간단한 요점을 지적한다. 무의식은 언어의 효과이며, 언어가 내적이고 개인적인 것이 아니기 때문에 무의식도 그럴 수 없다는 것이다. 언어는 우리 사이에 존재하는 것이므로 무의식은 우리 사이에서 혹은 적어도 우리 바깥에서 생성되는 것으로 생각하는 편이 훨씬 합리적이다. 이해하기 어렵게 느껴질지라도 잠시 이 점을 곰곰이 생각해보면 점점 분명한 의미로 다가오기 시작한다. 생각이 언어 속에서 발생하고, 내가 나 자신에 대해 갖는 생각은 나와 관련하여 생산되는 언어의 효과이며, 이 언어에는 직접적이거나 수용 가능한 의미뿐 아니라 다양한 연상이 포함되어 있다면 내가 말하고 듣는 문장에는 직접적 메시지와 연상이 모두 포함될 것이다. 라캉은 바로 이것이 무의식이 작동하는 방식이라고 주장한다.

6장에서는 무의식에 대한 라캉의 개념을 살펴보았다. 핵심 개념은 다음과 같다.

- 프로이트는 '무의식'이라는 용어를 명사(예: 무의식the unconscious)와 형용사(예: 어떤 생각을 무의식적이라고 묘사하는 경우)로 모두 사용했다.
- 프로이트는 무의식을 정신의 다른 두 가지 요소인 의식, 전의식과 구분했다.
- 프로이트는 우리가 불쾌한 생각을 억압하며 이것이 무의식을 구성한다고 주장했다.
- 라캉은 구조언어학, 특히 기의/기표 쌍에 대한 소쉬르의 생각을 바탕으로 무의식을 재인식했다.
- 라캉은 이 생각에서 한 걸음 더 나아가 무의식이 언어처럼 구조화되어 있다고 주장했다.

7장. 성화

지금까지 우리는 주체나 사람을 단일한 존재로, 마치 우리 모두가 거의 같은 존재인 것처럼 이야기해왔다. 하지만 라캉에게는 그렇지 않다. 그는 정신분석의 임상적 실천과 사람들이 사회에서 어떻게 기능하는지(또는 기능하지 않는지)에 대한 우리의 이해에 필수적인 여러 구분을 제시했다.

우선 라캉은 사회에 다양한 성적 위치가 존재한다는 사실을 인정한다. 이는 단순히 서로 다른 생식 기관을 인정하는 것이 아니며, 라캉에게는 남자아이와 여자아이에게 다른 속성을 부여한다는 사실을 인정하는 것처럼 간단한 일도 아니다.

프로이트는 기본적인 생물학적 차이에 큰 비중을 두었지만 그것은 이러한 차이가 당신이 누구인지를 결정한다는 의미라기보다는 서로 다른 신체가 서로 다른 동일시 지점을 만들어낸다는 의미였다. 약간 환원적으로 말하자면 남자아이에게는 음경이 있고 여자아이에게는 없다. 이 때문에 남아는 아버지와, 여아는 어머니와 동일시하게 된다. 이러한 동일시 과정은 프로이트의 가장 유명한 이론, 그가 오이디푸스 콤플렉스라고 부른 과정을 통해 이루어지는 것으로 보인다. 오이디푸스 콤플렉스의 기본 개념은 지금도 많은 이에게 충격적이거나 불쾌하고 받아들이기 힘든 것이다.

프로이트는 소포클레스의 희곡 『오이디푸스 왕Oeudipus Rex』에서 영감을 얻었다. 아버지를 죽이고 어머니와 결혼할 아들을 낳을 것이라는 예언을 받은 테베의 왕과 왕비의 이야기다. 이 예언에 불안해진 왕과 왕비는 아기를 죽이기로 결심하고 병사에게 아기를 언덕으로 데려가 도살하는 임무를 맡긴다. 병사는 차마 아기를 죽이지 못하고 양치기에게 넘겨주며, 양치기는 아이가 없는 코린토스의 왕과 왕비에게 아기를 넘긴다. 이후 오이디푸스는 자신의 진정한 기원에 대해 전혀 알지 못한 채 다른 왕실에서 자란다.

나중에 직접 신탁을 받으러 간 오이디푸스는 아버지를 죽이고 어머니와 결혼하리라는 예언을 받았다는 사실을 알게 된다. 이에 충격을 받은 그는 예언을 거스르고자 하는 열망으로 코린토스에 돌아가지 않기로 결심한다. 물론 그가 알지 못했던 사실은 코린토스의 왕과 왕비가 사실은 자기 부모가 아니라는 것이었다.

오이디푸스는 테베로 가는 길에 만난 낯선 사람과 다투게 되고, 다툼은 폭력으로 변해 결국 그를 죽이기에 이른다. 그 낯선 이는 물론 오이디푸스의 친아버지다.

예언의 첫 번째 부분이 실현되었다. 하지만 오이디푸스

는 자신이 무슨 짓을 저질렀는지도 모르는 채 테베로 향한다. 당시 테베는 스핑크스라는 괴물에게 포위된 상태로, 스핑크스는 수수께끼에 답을 내놓지 못하는 자는 누구도 보내주지 않았다. 오이디푸스가 수수께끼의 정답을 맞히자 스핑크스는 다소 극적으로 스스로 목숨을 끊는다. 오이디푸스는 도시를 해방한 보상으로 과부가 된 여왕과 결혼하여 새로운 왕이 된다. 예언의 두 번째 부분을 이행한 것이다.

여전히 자신이 무슨 짓을 했는지 알지 못하는 그는 새 아내/어머니와 행복하게 살며 네 자녀를 낳는다. 그의 행동에서 비롯된 저주 때문에 테베가 폐허로 변한 뒤에야 오이디푸스는 자기가 저지른 짓을 깨닫기 시작한다. 그의 아내이자 어머니인 이오카스테는 자기들이 저지른 일을 알게 된 후 스스로 목숨을 끊는다. 오이디푸스는 자살하지 않고 스스로 두 눈을 멀게 한 후 테베를 떠난다.

중요한 것은 소포클레스 버전의 이야기에서 모든 사건이 회상으로 전개된다는 점이다. 극은 오이디푸스가 이미 테베의 왕이 된 상태에서 시작한다. 그는 이미 이오카스테와 결혼했고 이미 아버지를 죽였다. 다시 말해 등장인물들이 처한 상황을 촉발하는 행위들은 모두 회고적으로 서술된다. 이 점은 존재에서 의미로의 이동에 대한 라캉의 논점을 떠올리게 한다.

프로이트는 오이디푸스 신화가 그토록 오랫동안 지속되고 여러 세대에 걸쳐 강력한 반향을 일으킨 것은 우리 모두가 어떤 면에서는 직접 경험을 통해 알고 있는 것을 반영하기 때문이라고 주장한다. 오이디푸스 신화는 우리 자신에 대해 무언가를 말해준다. 프로이트는 우리 모두가 어린 시절 오이디푸스와 비슷한 상황에 처한다고 주장한다. 강력한 애정과 애착 관계로 어머니와 묶여 있고 아버지를 어머니의 애정에 대한 경쟁자로 인식하며 그가 사라지기를 바란다는 것이다. 프로이트의 이론은 이어서 이러한 곤경이 어떻게 해결되는지 설명한다. 만약 우리가 그 상황에 교착된 상태로 머물거나 어머니를 차지하여 소유하고 아버지를 제거한다면 우리는 결코 올바르게 성장하여 다음 단계로 나아가 독립된 성인으로 살아갈 수 없을 것이다. 아버지를 '죽이고' 싶은 욕망을 극복하고 아버지의 개입에, 어머니에 대한 자유로운 접근을 막는 아버지의 통제에 복종해야만 우리는 자기 삶을 살아가는 데 필요한 분리를 이룰 수 있다.

여기서 내가 말한 '다음 단계'로 넘어가려면 프로이트가 이야기하는 대상 선택의 변화가 필요하다. 지금까지 어머니는 일차적 대상 선택의 대상이었다. 어머니는 모든 것이었다. 아버지의 개입으로 우리는 이차적 대상 선택을 하게 된다. 여기에서 동일시가 작동하는 것으로 보인다. 프로이트에 따르면 소년은 아버지를 이길 수 없기 때문에 대신 그와 동일시한다. 그런 다음 그는 어머니를 대신할 수 있는 대체인(더 현실적으로 말하자면 일련의 대체인)을 이차적 대상 선택으로 채택한다. 이들은 어머니를 닮은 다른 사람들일 것이다. 가장 기본적 수준에서는 다른 여성을 의미할 수 있다. 더 구체적으로는 어머니와 외모가 비슷하거나 비슷하게 행동하거나 특성 혹은 취미를 공유하는 다른 여성을 의미할 수도 있다.

남자아이들의 경우에는 이 모든 것이 매우 간단해 보인다. 그렇지만 여자아이는 어떻게 어머니를 대상으로 선택하다가 남성을 대상으로 선택하게 될까? 모든 남자아이가 여자를 선택하는 것이 아니듯 모든 여자아이가 그렇게 하는 것은 분명 아니다. 이 지점에서 프로이트의 이론은 확실히 이성애 규범적이다. 이런 논쟁적 지점은 차치하고라도 프로이트는 이 이론적 걸림돌을 해결하기 위해 분명히 의도된 설명을 구성한다. 그는 여자아이가 어머니와 동일시하면서도 자신을 불완전하게 만든 어머니에게 화를 낸다고 주장한다. 어머니와 마찬가지로 여자아이에게도 음경이 없다. 어머니에 대한 분노로 여자아이는 아버지에게 관심을 돌려 아버지를 이차적 대상으로 삼는다. 그러나 이는 금지된 일이기 때문에 여자아이는 아버지를 닮은 다른 사람, 즉 다른 남성의 형태로 세 번째 대상을 선택해야 한다.

프로이트의 이론이 터무니없어 보일지 모르지만 우리는 그 속에서 어느 정도 진실의 핵심을 찾아낼 수 있을 것이다. 이 이론의 일부가 과장되어 보이고 일부는 21세기적 관점에 맞지 않는다고 해서 무조건 전체를 거부할 이유는 없다. 오이디푸스 콤플렉스라는 개념은 HBO 시리즈 〈석세션〉에서 코믹 효과를 위해 반복적으로 사용된다. 특히 기괴한 예를 들면 켄달이라는 인물이 자신의 40세 생일 파티를 열면서 모든 손님이 어머니의 질을 형상화한 거대한 구조물을 통과하여 입장하도록 하고 동시에 아버지를 몰락시킬 음모를 꾸미는 장면이 있다. 프로이트가 누구보다 먼저 지적했을 법한 것은 이러한 코믹한 차원은 이 신화의 지속적 유효성과 지속적 수용 불가능성을 강조하는 역할을 할 뿐이라는 점이다.

    우리는 아기가 어머니에게 강한 애착을 갖는다는 것을 알고 있으며, 그 애착이 약화되도록 어떤 일이 일어나야 한다는 것도 알고 있다. 아이들이 자연스럽게 다음 단계로 나아간다는 흔한 생각은 덜 극단적으로 보일 수는 있지만 실제로는 그다지 설득력이 있거나 충분한 설명이 되는 것 같지 않다. 또한 모든 사람에게 어머니나 아버지가 한 명씩 있는 것은 아니다. 예를 들어 아빠 두 사람이나 엄마 한 사람 아래서 자라는 이들도 있다. 프로이트의 이론은 모든 사람이 매우 전통적인 핵가족에서 태어난다고 가정하는 것이 아닌가? 또한 성적 파트너나 연애 대상의 선택을 예측하는 기제로서 동일시에 의존하는 것은 동성 파트너의 가능성을 배제하지는 않더라도 최소한 그러한 선택을 비정상화하는 것으로 보인다.

    라캉은 이러한 점에 주목하여 신화의 내용을 고수하기보다는 그 구조에 더 초점을 맞추어 이론을 재구성한다. 어떤 면에서 라캉이 여기서 하는 일은 그가 자주 그렇듯 상상의 동일시, 즉 이야기에 사로잡히는 유혹에 빠지지 않도록 우리를 돌려세우고 내재적 구조에 초점을 맞추게 하는 것이다. 프로이트의 이론이 어머니, 아기, 아버지의 삼위일체를 가정하는 것처럼 보이는 반면, 라캉은 어머니(반드시 생물학적 어머니일 필요는 없다.), 아기, 그리고 다른 무언가가 존재한다고 제안한다. 이 다른 무언가는 아버지일 수도, 다른 남자일 수도, 다른 여자일 수도 있으며 어머니의 직업이나 텔레비전 또는 어머니의 운동 루틴일 수도 있다. 라캉이 강조하는 지점은 아이에게 중요한 것은 어머니가 아이 이외의 다른 무언가를 욕망한다는 것이다. 이 제삼자의 개입에는 여러 효과가 있다. 어머니가 아이 이외의 다른 것을 원하거나 아이 자신 이외의 다른 것을 원한다고 아이에게 인식된다면 이는 아이가 어머니에게 전부가 아님을 의미한다.

　이는 또한 어머니에 대한 접근을 차단하는 역할을 한다. 이 '다른 것'이 무엇이든 사실상 길을 가로막고 "안 돼. 너는 어머니를 가질 수 없어. 최소한 어머니에 대한 독점적 권리나 접근권은 가질 수 없어."라고 말하는 셈이다. 라캉에 따르면 이런 상황은 사실 아이에게 필수적이다. 이런 상황이 없으면 아이는 질식해버릴 것이기 때문이다.

　그러나 그렇게 단순하고 흑과 백으로 정확히 나뉘는 것은 없다. 아이가 어머니 욕망의 충족이 아니라는 사실은 아이가 어머니에게서 필요한 공간, 즉 자신이 앞으로 나아가고 자기 삶을 살아나가게 하는 공간을 얻을 수 있음을 의미할지도 모른다. 그러나 이는 아이가 '바로 그것'이 아님을, 무언가 결여되어 있음을 뜻한다. 또한 여전히 어머니를 욕망하고 욕망에 대한 금지를 경험하기에 아이에게는 결핍이 작동한다.

따라서 아이는 자신을 결여의 존재로 경험하는데 이는 (어머니가 없으면) 자신이 완전하지 않다는 의미에서, 그리고 (어머니에게) 자신이 부족하며 충분하지 않다는 의미에서 그러하다. 또한 아이는 이러한 상황이 다른 사람의 개입을 통해 발생한다고 인식한다.

이 과정의 생산적 측면은 제쳐두고라도 그 과정은 흔적을 남긴다. 정확히 어떻게 흔적을 남기는지는 상황마다 다르다. 프로이트와 마찬가지로 라캉은 이 과정이 억압될 수 있다고 주장한다. 오이디푸스처럼 우리는 일어난 일에 대해 스스로 눈을 멀게 하고, 우리가 관여했던 일에 대해 알지 못하기를 선택한다.

라캉은 가정된 개입, 즉 '아버지의 안 돼no of the father'에 초점을 맞춘다. 프랑스어에서 이 표현은 '아버지의 이름name of the father'과 매우 유사하게 들린다('아버지의 안 돼'를 뜻하는 '르 농 뒤 페르 le non du père'와 '아버지의 이름'을 뜻하는 '르 농 뒤 페르 le nom du père'). 라캉은 이 동음이의어에 착안하여 두 표현을 서로 바꿔가며 사용한다. 그렇게 함으로써 그는 개입, 즉 금지가 있다는 사실뿐 아니라 이 금지는 한 용어(아버지)가 다른 용어(어머니의 욕망)를 대신하거나 대체한다는 의미에서 언어의 도래를 의미한다는 사실에도 주목한다.

라캉은 상징 질서의 두 가지 근본적 측면(규칙과 교환)을 결합하고 있으며, 바로 이 과정이 가장 중요한 측면이라고 주장한다. 아이는 상징 질서 안으로 불려 들어오며, 자신의 위치를 조건 짓고 제약하는 동시에 허용하는 체계나 구조 안으로 불려 들어간다.

프로이트 이론에서는 많은 부분이 음경에 관한 것, 즉 어떤 사람은 음경을 가지고 있고 어떤 사람은 그렇지 않다는 사실에 관한 것인 반면, 라캉은 이러한 생물학주의에서 벗어난다. 그러나 그는 프로이트에게서 발견한 기본적인 구조적 논리는 그대로 유지한다. 성 정체성과 성적 대상 선택을 음경의 존재 여부로 설명하려는 것은 너무 환원적인 시도일 수 있다. 하지만 라캉은 차이에 대한 개념을 만들어내는 무언가가 있다고 말한다. 그는 이 무언가가 프로이트의 이론이 지적하는 결여라고 주장한다. 비록 프로이트의 이론 자체는 이것을 지적하고 있다는 사실을 잘 몰랐을지라도 말이다. 아이는 어머니의 모든 것이 되고 싶어 하지만 어머니의 욕망은 다른 곳을 향한다. 이 사실은 아이에게 금지로 이해된다. 이 금지는 아이에게서 어머니의 욕망을 충족할 수 있었을 상상 속의 무언가를 빼앗아 간다. 프로이트의 뒤를 이어 라캉은 이 상상된 무언가를 남근phallus이라고 부른다. 라캉은 남근은 음경을 의미하지는 않는다고 강조했지만 그럼에도 이 용어가 그런 식으로 받아들여질 수 있다는 것을 충분히 잘 알고 있었을 것이다.

아이가 자신에게는 없다는 것을 발견하는 이 애매한 무언가가 남근이고 아버지 같은 인물이 개입하여 금지하기 때문에 그 결여를 발견하게 된다면 그 순간은 일종의 상징적 거세를 구성하게 된다. 라캉은 이러한 방식으로 그것을 언급한다. 남근이 물리적 음경이 아닌 것처럼 거세라는 용어의 사용이 실제 물리적 거세를 의미하는 것으로 이해되어서는 안 되며, 실제 음경을 잃는 것에 대한 불안감의 의미로 이해되어서도 안 된다. 라캉이 말하는 거세는 어머니의 욕망이 다른 곳으로 향한다는 사실을 통해 제도화되는 결여의 생산과 훨씬 더 관련이 있다.

앞서 살펴본 것처럼 우리가 주체가 될 수 있는 가능성, 말하는 존재가 될 수 있는 가능성은 우리의 언어 속 출현에 달려 있다. 이러한 언어 속 출현은 그 이전의 불가능한 시간에 대한 일종의 향수를 불러일으킨다. 다소 동어 반복적으로 표현하자면 그 이전의 시간은 (항상 언어의 주체인) 주체가 언어 속에 출현하기 전에는 (언어의 주체로서) 존재하지 않았을 것이라는 점에서 불가능하다. 다시 말해 우리는 언어 안에서만 무언가를 알기 때문에 언어 이전의 시간은 알 수 없다는 것이다. 언어와 함께 경험의 구조화가 이루어지며, 이런 의미에서 언어에 진입하는 것은 사회로 진입하는 것과 같다는 점을 기억하자. 라캉이 법, 문화, 전통, 도덕성, 언어의 개념을 하나로 모으기 위해 상징계라는 용어를 사용하는 이유도 바로 여기에 있다.

프로이트도 일종의 동물적 존재에서 인간 사회 또는 문화로의 이동에 관한 생각과 씨름했다. 신화의 개념에 크게 매료된 프로이트는 이 이동을 설명하기 위해 자신만의 신화를 만들어낸다. 내가 이것이 신화이며 프로이트가 만들어냈다고 강조하는 것은 프로이트가 이런 일이 실제로 일어났다고 주장하는 것이 아님을 분명히 밝히기 위해서다. 다시 말하지만 언어 혹은 문화 이전이라는 개념은 언어와 문화가 출현한 이후에야 비로소 공식화될 수 있다. 따라서 그것은 신화로만 제기될 수 있다.

프로이트의 신화는 그가 원시 무리라고 불렀던 것, 즉 여러 면에서 고릴라 무리와 유사한 원시 인류의 느슨한 집단에 관한 것이다. 고릴라들이 그렇듯 원시 무리에는 우두머리 수컷이 있으며, 그는 집단의 암컷에게 접근할 권리를 빈틈없이 공격적으로 독점한다. 프로이트는 이 수컷을 원시 아버지라고 부른다. 이 신화는 다른 어리고 힘이 약한 수컷들이 아버지를 타도하고 집단의 암컷에게 접근하기 위해 어떻게 뭉치는지에 대해 이야기한다. 그러나 원시 아버지를 죽인 수컷들은 양심의 가책을 느끼기 시작하고, 싸워서 얻은 암컷에 대한 접근권을 즐기는 대신 죽은 아버지를 먹는 의식을 거행한다. 그리고 아버지가 살아 있을 때 시행했던 바로 그 금기를 규칙으로 제정한다. 즉 그들은 집단 암컷들과의 성관계를 스스로 금지하는 법을 만든다.

프로이트는 이 신화를 통해 우리가 탐구해온 여러 개념

을 연결한다. 이 신화는 문화의 출현, 즉 존재에서 의미로의 이동을 설명한다. 그러나 중요한 것은 근친상간(집단 내 성관계)의 금지를 문화나 사회로의 이동의 표식으로, 법 발명의 첫 단계로 제시한다는 점이다. 이는 프로이트의 핵심 이론인 오이디푸스 이야기를 반영한다. 여기서도 근친상간은 이후에 올 내용의 중심이 되는 결정적 지점이다. 오이디푸스 이론에서 아이가 어머니에게 접근하는 것을 금지하는 것은 아버지의 개입이다. 원시 무리의 신화에서는 아버지가 사후에 개입하여 형제들이 무리의 암컷들에게 접근하는 것을 금지한다.

라캉은 오이디푸스 콤플렉스에 대해 그랬던 것처럼 프로이트의 원시 무리에 대한 신화를 가져와 그 상상적 내용을 벗겨내고 이번에는 말 그대로 일련의 공식으로 축소한다.

$\exists x \overline{\emptyset x}$	$\exists x \emptyset x$
$\forall x \emptyset x$	$\overline{\forall x \emptyset x}$

표 7.1 원시 무리 신화의 공식화.

처음 접하면 완전히 당황스러워 보이지만 실제로는 매우 간단하다. (Lacan, 1998: 78)

문자와 기호는 표준 논리 표기법과 라캉이 남근의 약자로 사용한 것을 혼합한 것이다. ∃는 '존재한다.'를 의미하고 ∀는 '모두'를 의미하며, ∅는 라캉이 남근의 기능 또는 거세라고 부르는 것(앞서 설명한 거세의 의미)을 의미한다. x는 표준 대수학에서 사용하는 것처럼 단순한 자리 표시자다. 각 용어 위에 줄이 그어져 있으면 이 용어가 부정된다는 뜻이다. 그러면 두 쌍의 진술을 꽤 쉽게 읽을 수 있다.

왼쪽의 첫 번째 진술은 거세되지 않은 사람이 존재한다고 말하고, 그 아래 진술은 모든 x가 거세되었다고 말한다. 이는 처음에는 모순처럼 들릴 수 있다. 모두가 거세되었다면 거세되지 않은 사람은 존재할 수 없다. 하지만 그렇지 않은 사람은 규칙을 증명하는 예외라고 할 수 있다. 프로이트의 신화를 떠올리면 훨씬 이해가 쉽다. 원시 아버지는 그의 죽음을 기념해서 제정된 금지에 종속되지 않았다. 이 금지는 그 집단의 수컷에 대한 상징적 거세다. 원시 아버지는 거세되지 않았다. 형제들은 거세되었다. 그러나 중요한 것은 형제들의 거세는 아버지가 거세되지 않았다는 사실과 인과적으로 연결되어 있다는 점이다. 뒤집어 말하면 아버지의 거세되지 않음은 형제들의 거세의 논리적 조건이다. 형제들의 박탈은 박탈 당하지 않은 한 사람의 존재라는 전제하에서만 박탈로서 성립할 수 있는 것이다.

반대쪽 윗줄은 거세되지 않은 사람은 존재하지 않는다고 적혀 있다. 이는 위에서 설명한 요점과 분명히 모순되지만 문제가 되지 않는다. 공식의 이쪽은 다른 그룹, 즉 여성을 설명하는 것이기 때문이다. 그런 의미에서 이쪽은 매우 간단하다. 거세되지 않은 한 남성, 즉 아버지가 있는 곳에서는 모든 여성이 거세된다. 이는 여성이 예외 없이 모두 금지에 종속된다는 의미다. 원시 아버지에 해당하는 여성은 존재하지 않는다.

마지막 진술은 이 이론에 혼란을 일으키면서도 진정으로 새로운 것을 가져다준다. 여기서 라캉은 x 모두가 거세의 대상이 되는 것은 아니라고 말한다. 그런데 우리는 남성 측에는 예외가 있지만 여성 측에는 예외가 없다는 내용을 방금 읽었다. 원시 아버지에 해당하는 여성은 존재하지 않는다. 그렇다면 어떻게 모두가 거세되지 않았다는 진술이 참일 수 있을까? 여기서 비밀은 '모두가 아니다 not all'를 어떻게 읽는지에 있다. '모두가 아니다'는 모든 구성원이 아니라는 의미일 수도 있지만 각 구성원의 모든 부분이 아니라는 의미일 수도 있다. 다시 말해 원시 아버지와 동등한 여성은 없고, 이 집단에 거세되지 않은 구성원은 없지만 어떠한 여성도 완전이 거세되지 않았다는 것이다.

누군가가 완전히 거세되지 않았다는 것은 무엇을 의미할까? 분명 거세는 이런 점에서 임신과 약간 비슷하다. 우리는 조금만 거세될 수 없다. 거세되었든지 그렇지 않든지다. 여기서 명심해야 할 것은 라캉이 말하는 거세란 우리가 상징 질서 속으로 출현함으로써 생성되는 결여의 제도를 뜻한다는 점이다. 라캉이 모든 남성은 거세되었다고 말할 때 그것은 남성이 전적으로 상징계의 지배를 받는다는 의미다. 그가 여성이 완전히 거세되지 않았다고 할 때는 여성적 위치의 어느 측면이 상징 질서에서 벗어나 있다는 뜻이다.

라캉에게 이것은 성적 차이의 근간이다. 이는 우리가 일반적으로 성적 차이의 표식이라고 부르는 생식기나 생식선에 대한 직접적 의존성을 배제하는 것처럼 보인다는 점에서 흥미로운 이론이다. 라캉은 이 이론을 1970년대 초반에 공식화했지만 21세기 중반인 지금에서야 이 이론이 비로소 그 진가를 발휘하기 시작하는 듯하다.

여기서 라캉 이론의 흥미롭고 잠재적으로 생산적인 측면 중 하나는 남성과 여성이라는 두 성적 위치를 단순히 서로 대립되는 개념으로 정의하지 않는 방식을 취하면서 효과적으로 설명한다는 점이다. 전통적으로 성적 이분법 개념은 한쪽이 다른 쪽이 아니기 때문에 한쪽으로 존재한다고 본다. 이는 종종 상호 보완이라는 개념으로 이어져, 이분법과 그로부터 파생되는 모든 것을 유지하기 위한 구실로서 작동한다. 남성은 능동적이고 여성은 수동적이다. 남성은 수렵과 채집을 하며, 여성은 양육을 한다. 남성은 지도자이며, 여성은 더 공동체적이다. 음과 양. 각각의 경우에 이분법의 조건은 대립을 통해 서로를 지지하고 힘을 합쳐 성적 차이에 대한 특정 관점을 유지한다. 그러나 라캉의 이론에서는 이 두 조건이 서로의 반대로 정의되지 않는다. 이들은 각각 제삼의 조건인 남근과의 관계 속에서 개별적으로 정의된다.

이는 실제로 두 성 사이에는 아무런 관계가 없다는 주장으로 라캉을 이끈다. 그는 종종 그렇듯 언어 유희를 통해 관련된 여러 개념을 응축하는 방식으로 이 개념을 형식화한다. 다양한 의미가 번역 과정에서 약간 손실되기 때문에 라캉이 사용한 프랑스어 원어를 살펴보면 도움이 될 것이다. 라캉은 "일 니 아 파 드 라포르 섹슈엘.il n'y a pas de rapport sexuel.", 즉 "성 관계는 존재하지 않는다."라고 선언한다. 프랑스어 용어인 "라포르rapport"는 '친밀한 교감', '관계', '비율' 등으로 다양하게 번역될 수 있다. 같은 맥락에서 "섹슈엘 sexuel"이라는 용어는 성적 위치(즉 남성 또는 여성) 또는 성 행위에서의 성이라는 개념을 모두 나타낼 수 있다. 이러한 변용을 염두에 두면 라캉의 말은 남녀 사이에 관계가 없다는 뜻이기도 하지만 남녀 사이에 친밀한 교감이 없다는 뜻으로도 이해할 수 있다. 남녀 사이에 관계가 없는 것은 앞서 살펴보았듯 남녀가 서로가 아닌 제삼의 조건과의 관계에서 각각 규정되기 때문이다. 이 사실, 그리고 그 결과로 상징계와의 관계에서도 서로 다른 위치를 차지한다는 사실은 성적 상호 보완의 신화가 훼손되었음을 나타내며, 언어와의 관계에서도 양립 불가능한 차이를 드러낸다. 언어가 상징 질서이고 남성은 전적으로 상징계의 지배를 받지만 여성은 그렇지 않다면 언어와 맺는 각 성적 위치의 관계에는 필연적이고 근본적인 불일치가 존재한다. 이로부터 도출되는 핵심적 함의는 편견에 물들지 않은 채 성적 차이에 대한 개념을 표현할 수 있는 위치는 없다는 것이다. 중립적이거나 외부적인 위치는 존재하지 않는다.

성 관계가 없다는 생각은 매우 명백하고 이상하게도 사

람들이 성관계sex를 하지 않는다는 것을 암시하는 듯 보인다. 분명히 사실상 그렇지 않으며, 라캉이야말로 가장 먼저 사람들이 성관계를 한다고 인정했다. 그러나 그는 남녀 사이에 친밀한 교감이 없기 때문에 사람들이 성관계를 할 때 어딘가 어긋나 있다고 주장하고자 한다.

우리는 앞서 '오브제 프티 아'가 우리가 언어 속으로 출현하여 언어에 의해 분열되기 이전의 신화적 합일체라는 생각과 관련이 있음을 살펴보았다. 또한 우리는 그와 관련하여 자궁 안에서든 모유 수유 중일 때든 어머니와의 합일 상태에서 우리가 그러한 일체성을 실제로 누렸던 것처럼 보인다는 생각도 살펴보았다. 이 두 가지 생각은 라캉이 환상이라고 부르는 것의 사례다.

거울 단계의 근본적 경험은 분열과 불완전하다는 감각을 모두 만들어내는 경험이라는 점을 기억하자. 이 경험은 우리가 언어에 의해 분열된 채 언어 속에 출현하는 과정을 통해 뒷받침되고 확인되며, 이는 그 무의식적 효과로서 상실한 일체성과 온전함을 갈망하게 한다. 라캉에게 환상이란 언제든 이러한 결여를 보완할 수 있고, 우리를 온전하게 만들어줄 무언가를 찾을 수 있으며, 결국에는 모든 것이 괜찮아질 것이라는 환상이다. 바로 이 점이 라캉이 환상의 공식을 쓸 때 주체가 '오브제 프티 아'와 맺는 관계($ \$ \lozenge a $)로 기록하는 이유다. '오브제 프티 아'는 그것이 무엇으로 대체되든 언제나 우리를 완성할 수 있는 것으로 상정된다.

우리가 이것이 당연한 사실이라고 느끼는 한 가지 분명한 사례는 성적 관계 또는 연애 관계다. 우리 문화는 이 생각에 매우 분명하게 공명한다.

이 생각은 아주 오래전 플라톤의 『향연』에서 아리스토파네스가 전한 사랑의 기원에 대한 신화에도 있었다. 이 신화는 원래 지구에는 팔과 다리가 네 개씩이고 얼굴 두 개와 생식기 한 쌍을 가진 생명체들이 살고 있었다는 이야기를 담고 있다. 흥미롭게도 신화 속 본래의 생명체는 세 가지 유형으로, 지금의 관점으로 말하자면 남성 생식기 한 쌍을 가진 생명체와 여성 생식기 한 쌍을 가진 생명체, 그리고 남녀 생식기를 하나씩 가진 생명체로 나뉘었다. 이 생명체들은 완전히 행복하고 자족적이었지만 신들의 왕인 제우스를 위협하고 분노하게 했다. 제우스는 번개로 그들을 내리쳐 각각을 둘로 갈라버렸다. 이 신화에 따르면 그 이후로 인간은 지구를 떠돌아다니며 자기를 완전하게 만들어줄 나머지 반쪽을 찾아 헤맨다고 한다.

그러나 앞서 살펴본 바와 같이 'a'를 달성하는 것은 불가능하다. 어떻게든 우리의 부족함을 채우기 위해 찾은 대체물이 무엇이든 그것은 결코 완벽하지 않다. 어린이책 작가 셸 실버스타인은 『The Missing Pie』[1]에서 이 개념을 아

---

[1] (역자 주) 잃어버린 조각. 이 책은 『어디로 갔을까, 나의 한쪽은』, 『잃어버린 한 조각 나를 찾아서』 등의 제목으로 한국에서 번역, 출간되었다.

주 아름답게 포착했다. 이 이야기는 한 조각이 잘려나간 피자처럼 한 부분이 빠진 원에 관한 것이다. 원은 이 틈새를 메워 자기를 완성해줄 조각을 찾아 돌아다닌다. 언덕을 구르고, 나비를 만나고, 벌레와 대화를 나누고, 꽃 냄새를 맡으며 세상을 즐기면서도 그 목표는 항상 빠진 조각을 찾는 것이다. 원은 딱 들어맞는 조각을 찾지만 그 조각은 원의 조각이 되고 싶어 하지 않는다. 너무 작거나 너무 큰 조각을 찾는다. 맞는 조각을 찾지만 잃어버린다. 맞는 조각을 찾지만 부러트린다. 그러다 딱 알맞은 조각을 찾은 원은 마침내 완성된다. 다만 빈 공간이 채워지는 바람에 너무 빨리 굴러서 이전에 즐기던 것들을 더는 즐길 수 없게 된다. 어떤 의미에서는 완성되었지만 다른 의미에서는 삶이 불완전한 상태로 남아 있는 것이다.

실버스타인이 라캉주의자이기라도 한 듯 이 이야기의 요점은 불완전성은 피할 수 없는 구조적 사실이라는 것이다. 우리는 완전성을 열망할 수는 있지만 완전한 완전성은 불가능하다. 이는 앞서 우리가 어머니와 아이 사이의 합일과 관련하여 논의한 점과 일맥상통한다. 이러한 합일은 갈망할 만한 것으로 여겨질 수는 있지만 반드시 즐거운 것은 아니며, 인간은 근본적으로 다른 모든 동물과 마찬가지로 쾌감을 추구하는 생명체다.

이는 새로운 생각이 아니다. 가장 비정신분석적인 사상가들, 즉 공리주의자들도 우리가 쾌감을 극대화하고 불쾌감을 최소화하기 위해 노력한다는 사실에 동의할 것이다. 인간과 다른 동물의 가장 큰 차이점은 인간은 언어가 있기 때문에 생각하고, 계획하고, 소통하고, 협력할 수 있다는 점이다. 그렇다고 우리가 쾌감을 추구하고 불쾌감을 최소화하려는 노력을 멈추지는 않는다. 다만 이러한 노력이 조금 더 복잡해질 뿐이다. 우리는 쾌감을 지연할 수 있다. 우리는 다른 사람과 우리 자신의 쾌락 추구 활동을 판단할 수 있다. 우리는 어떤 쾌감이 허용되는 쾌감이고 어떤 쾌감이 허용되지 않는 쾌감인지에 대한 규칙을 만들 수 있다. 일종의 이차적 순환 속에서 우리는 다른 사람의 쾌감을 조정하거나 차단하는 데서 쾌감을 느낀다. 역설적이게도 자기 쾌감을 조정, 지연 또는 차단하거나 자신을 처벌하는 데서 쾌감을 찾기도 한다. 우리는 완전히 새로운 쾌락을 만들어내거나 적어도 그런 쾌락이 있다고 자신과 타인을 믿게 만들 수 있다. 우리는 쾌락적이라고 제시되는 물건이나 오락거리를 창조할 수 있다. 이러한 물건과 오락거리는 단순히 우리 또는 누군가가(즉 대타자가) 그래야 한다고 결정했기 때문에 갈망할 만한 것이 된다. 이 과정에서 실제 쾌감의 성취는 다소 멀어진다고 할 수 있다.

 라캉이 쾌감이라는 의미로 사용하는 용어는 '주이상스 jouissance'다. '주이상스'는 기본적으로 '쾌감'으로 번역되며, 프랑스어에서 성적 쾌감을 지칭할 때 가장 흔히 사용된다. 하지만 이 용어에는 두 번째 의미가 있으며, 재산을 사용하거나 즐길 수 있는 권리를 지칭한다. 라캉은 (1950년대부터)

그의 연구 전반에 걸쳐 '주이상스'라는 용어를 사용하지만 그가 이 용어를 사용하는 방식은 상당히 다양하다. 가장 보편적으로 사용되는 '주이상스'의 의미는 1960년대에 등장한다. 여기서 '주이상스'는 '오브제 프티 아'를 획득하면 성취할 수 있는 (실제로는 불가능한) 쾌감이라는 의미다. 이 불가능성은 두 가지 차원에서 작동한다. 부분적으로 이 논리는 우리가 언어 속에 살고 있다는 사실과 관련이 있다. 순수한 존재하기, 즉 언어 없이 세상에 접근하는 것은 불가능하다. 하지만 그것이 가능하거나 가능했을지도 모른다는 생각은 어떻게든 언어에 의해 오염되지 않은 쾌감이 어딘가에 있다는 생각을 불러일으킨다. 순수한 존재 속에서의 순수한 쾌감. 그런 순수한 쾌감이 바로 '주이상스'다. 『The Missing Pie』의 결말처럼 이 순수한 쾌감도 파괴적일 수 있다. 이쪽이 조금 더 극적인 형태이긴 하지만.

클라이브 바커가 각본을 쓰고 연출한 〈헬레이저〉의 시작 부분에 대해서도 생각해볼 수 있다. 한 남자가 형언할 수 없는 쾌감의 문을 여는 힘이 있다고 알려진 신비한 퍼즐 상자를 구입한다. 그가 퍼즐을 풀자 갈고리가 달린 사슬이 나타나고, 갈고리가 살을 파고들어 그를 갈기갈기 찢어놓는다. 형언할 수 없는 쾌감은 형언할 수 없을 뿐 아니라 무척이나 강렬해서 고통과 구분되지 않는다. 그것은 지속하거나 견딜 수 없다는 의미에서 참을 수 없는 것일 뿐 아니라 소멸을 초래한다는 의미에서 참을 수 없는 것이기도 하다.

이처럼 식별할 수 없는 '주이상스'의 지위는 프로이트가 말했듯 쾌감 원칙 너머에 무언가가 있다는 사실을 인식하게 해준다. 우리는 단순히 쾌감을 욕망하는 것이 아니라 이를 넘어서는 무언가로 이끌린다.

어떤 의미에서 이것은 우리가 말한 신화적 또는 원시적 합일의 관점에서 여전히 이해될 수 있다. 이러한 합일 혹은 존재했으리라고 가정되는 이전 상태로의 회귀를 이해하는 한 가지 방식은 우리 자신의 소멸 또는 부적합성의 관점일 수 있다.

이는 프로이트의 '죽음 역동death drive' 개념에 포착되어 있으며, 정체 상태 또는 무無로의 회귀라는 측면과 동시에 파괴성 또는 공격성을 수반한다. 이 충동은 우리가 욕망이라고 불렀던 충동과는 다소 다르다.

죽음 역동이라는 용어는 독일어 '토데스-트립Todestrieb'의 번역어다. 프로이트 연구에서 '트립'은 영어로 본능instinct으로 번역되는 경향이 있다. 영어에서 본능이라는 용어는 생물학적 함의가 강하며, 일반적으로 동물이 특정 자극을 받았을 때 나타나는 일종의 내재된 혹은 선천적으로 고정된 반응 체계를 가리키는 것으로 이해된다. 본능의 가장 명백한 예는 아마도 투쟁-도피 반응일 것이다. 동물은 위협에 직면하면 두 가지 반응 중 하나를 선택한다. 싸우거나 도망치거나. 여기서 본능은 자기 보존과 관련이 있으며, 이러한 반응은 숙고할 필요가 없도록 선천적으로 고정된 것이다.

이런 의미에서 본능은 사고를 우회하는 단축 회로 같은 것이다. 이것이 우리가 일반적으로 동물이 인간보다 본능적이라고 생각하는 이유다. 동물은 사고하지 않는다. 반면 우리는 데카르트처럼 대체로 자신을 생각하는 존재로 간주한다.

라캉은 '트립'을 프랑스어 '퓔시옹pulsion'으로 번역하고, 영어 번역과 라캉의 연구에 대한 논평에서 이 단어는 보통 역동drive으로 번역된다. '퓔시옹', 즉 역동은 생물학적 혹은 자연적 개념에 얽매이지 않는다는 장점이 있다.

프로이트는 '트립'의 개념을 다루긴 했지만 스스로 말하기를 이러한 역동이나 본능이 정신분석에서 어떻게 작용하는지에 대해서는 충분히 설명하지 못했다. 라캉은 이 미완의 작업을 계속했다고 할 수 있다.

프로이트가 다양한 본능(성적 본능과 자기 보존 본능과 같은)에 주목했다면, 라캉은 모든 역동은 죽음 역동이라고 주장했다.

이것은 우리를 완전하게 만드는 바로 그것이 동시에 우리를 공허하게 만들고, 우리에게 말할 수 없는 즐거움을 가져다주는 바로 그것이 또한 우리를 파괴한다는 의미로 이해할 수 있다.

욕망이라는 개념이 항상 불가능한 대상을 향하는 움직임으로서 결코 욕망의 대상 그 자체가 아닌 대리물에 의해 유지되는 것이라면, 라캉 후기의 역동 개념은 '오브제 프티 아'라는 블랙홀을 맴도는 운동에 관한 것이다. 역동은 결여를 건드리거나 결여에 도달하지 못한 채로, 결여에 의해 바로 이런 방식으로 유지된다. 이런 의미에서 역동은 반복과 관련된 것으로 이해될 수 있다. 역동이 '오브제 프티 아'의 주변을 맴돌긴 하지만 그것은 대상(사실은 결여인)과 그리 큰 관련이 없으며, 오히려 반복적 움직임과 관련이 있다. 중요한 것은 '무엇이 순환하는가'가 아니라 '이 순환에서 무엇이 반복되는가'이다. 바로 이런 의미에서 모든 역동은 죽음 역동, 즉 무를 향한 움직임이다.

7장에서는 성적 차이와 성들 간 관계에 대한 라캉의 사상을 살펴보았다. 주요 개념은 다음과 같다.

- 프로이트는 오이디푸스 이야기를 통해 아이들이 어떻게 성 정체성을 발달시키고 어머니에게서 받은 애정을 다른 '대상 선택'들로 옮기는 데 어떻게 성공하는지에 대해 설명했다.
- 라캉은 프로이트의 개념을 이어받아 이야기가 아닌 논리적 작용을 통해 설명하는 방식으로 기술하여 발전시켰다.
- 프로이트는 근친상간의 금지, 그리고 사회와 법의 출현이라는 개념을 설명하기 위해 원시 인류 무리에 대한 자신만의 신화를 개발했다.

- 라캉은 다시 한번 프로이트의 개념을 발전시키되 이야기가 아닌 논리적 공식으로 전개했다.
- 그 결과 라캉이 내놓은 공식은 남성/여성이라는 상호 대립적 틀에 의존하지 않는 방식으로 성적 차이라는 개념을 제시했다.
- 라캉은 더 나아가 두 성이 실제로 서로 관련되어 있지 않다고 주장했다.
- 이를 통해 도출할 수 있는 한 가지 결론은 성적 파트너가 우리를 완성해줄 것이라는 생각은 환상이라는 것이다.
- 라캉은 프로이트의 '트립'/역동 개념을 발전시켜 모든 역동은 궁극적으로 죽음 역동이라고 주장했다. 이는 완성과 소멸을 결합한 개념으로 반복 때문에 유예된다.

8장. 그래서 무엇?

라캉이 우리에게 결여의 필연성과 우리 존재를 구성하는 불완전성이라는 의미를 남겨둔다면, 그가 우리를 실제로는 결코 '그것'이 아닌 불가능한 욕망의 대상을 좇는 존재로 남겨둔다면, 기껏해야 위안이 될지도 모르는 반복 속에서 부재의 주위를 끝없이 맴도는 채로 남겨둔다면 우리는 결국 요점이 무엇이냐고 묻게 된다.

정신분석 실천의 관점에서 볼 때 이를 파악하는 것이 바로 요점이라고 할 수 있다. 다른 형태의 치료는 당신을 고치려고 할 수 있겠지만 이는 정신분석의 목표가 아니다. 적어도 라캉적 형태의 정신분석은 그것을 목표로 삼지 않는다. 우리가 고쳐질 수 있다는 생각 자체가 지금쯤이면 분명해졌기를 바라는데 환상일 뿐이다. 그렇기에 분석가가 당신의 결여를 보완했다고 혹은 결코 보완할 수 없는 결핍을 보완할 수 있다고 설득하려 드는 것은 오히려 비윤리적이다. 당신은 (적어도 의식적으로는) 당신의 결여를 보완하기를 원할 수 있고, 만약 그렇다면 라캉적 정신분석은 단순히 당신에게 맞지 않는다는 의미일 것이다. 아무도 라캉적 정신분석이 모든 사람에게 맞는다고 말하지 않는다. 라캉은 자기 방식을 따르는 것이 모든 사람의 의무라고 세상을 설득하려는 도덕주의자가 아니었다. 분석에 들어가기로 하는 것은 언제나 선택이다. 그런데 우리가 그런 선택을 한다면 그로써 무엇을 달성하려고 하는 걸까? 달리 말해 분석의 목적은 무엇일까? 끝이 있을까? 누군가의 결여를 환상적으로 봉인하여 자신이 아닌 모습을 자신이라고 스스로 확신하도록 돕고, 실제로는 결코 가능하지 않은 정신 건강이라는 개념과 동일시하도록 부추기는 것은 분명 비윤리적일 수 있다. 그러나 누군가를 값비싸고 끝없는 순환에 가두는 것도 마찬가지로 비윤리적이다.

라캉은 분석의 종결을 서로 다르지만 본질적으로 결합된 몇 가지 방식으로 공식화한다. 이 중 일부는 앞서 읽은 내용을 고려하면 상당히 논리적으로 보일 것이다.

라캉이 분석의 종결을 이야기하는 한 가지 방법은 그가 '근본적 환상을 횡단하기'라고 부르는 것이다. 우리 개개인의 환상이 구체적으로 무엇을 담고 있든 라캉에게 그것은 항상 완전성의 환상이라는 점을 상기하자. 환상은 항상 '오브제 프티 아'와 관련되거나 그것과 관계를 맺는 주체($\$◇a$)다. 환상을 횡단한다는 것은 '오브제 프티 아'를 성취할 수 있다는 생각을 극복하는 것이다. 여기에는 어느 정도 결여가 그저 거기 있는 것이라는 사실을 받아들이는 일이 수반된다.

이는 다소 암울한 전망으로 보일 수도 있다. 우리가 주체로서 우리의 욕망을 지탱하는 바로 그것, 우리를 계속 나아가게 하는 바로 그것에 대한 생각을 포기해야 한다고 암시하는 것처럼 보일 수 있다. 그것은 환영에 불과할 수 있지만 계속 나아가는 것은 분명 환영이 아니다. 그리고 우리가 계속 나아가기 위해서 환영이 필요하다면 그것도 그리 나쁘지만은 않을지도 모른다.

여기서 우리가 범하고 있는 오류는 환상의 공식의 한쪽, 즉 '오브제 프티 아'에만 집중하고 있다는 점이다. 우리는 다른 한쪽에도 집중할 필요가 있다.

이 책을 읽으면서 여러분이 이해했기를 바라는 바는 라캉에게 '오브제 프티 아'는 단순히 환영에 불과하거나 불가능한(그리고 필수적인) 것만이 아니라는 점이다. 거울 단계에 대한 논의로 돌아가서 우리가 자신에 대해 구축하는 관념, 즉 '나'라는 관념이 필연적으로 잘못된 것이라는 근본적 요점을 상기해야 한다. 앞서 살펴본 바와 같이 이것은 우리가 잘못된 정체성을 가지고 분석을 해서 정확하거나 진정한 정체성을 찾기 위해 노력해야 하는 문제가 아니다. 라캉이 말하고자 하는 것은 '잘못된' 형태 뒤에는 아무것도 없다는 것이다. 잘못된 형태라고 단수형으로 말하는 것조차 오해의 소지가 있다. 우리 중 누구도 결코 단수형이 아니다. 우리는 복합적이며(수많은 다른 부분으로 구성되어 있다는 본래의 의미에서), 상충되고 모순되며 불완전하다.

따라서 분석의 목적은 우리 자신에 대한 이러한 관념에서 벗어나는 것, 그러니까 우리가 우리 자신이라고 생각하는 모든 동일시, 즉 유익하지 않은 것으로 드러났음에도 우리가 집착하는 모든 관념을 극복하는 일을 수반한다.

라캉은 이러한 개념을 주체의 빈곤subjective destitution이라고 부른다. 아무것도 완전한 그것이 될 수 없음을 받아들이는 것이 암울하게 느껴졌다면 빈곤을 받아들이는 것은 더욱 암울하게 느껴질 것이다.

프랑스어 용어인 'destitution'은 암울함이라는 뜻의 영어 단어 'bleakness'와 같은 의미를 지니지만 면직과 출발이라는 의미도 내포하고 있다는 사실을 알면 도움이 될 것이다. 더 나아가 우리는 이 용어에서 우리가 이전에 사용했던 헌법constitution이라는 용어의 공명도 듣게 된다. 'destitution'과 'constitution'은 설치하다, 세우다, 굳게 만들다라는 뜻의 'statuere'를 어근으로 공유한다. 'statuere'는 동상이라는 단어의 어원이기도 한데 이런 맥락에서 'destitution'은 헌법을 뒤집고 확립된 것을 불안정하게 만들며 세워진 것을 해체하거나 우리 자신이라고 여기던 동상을 무너트리는 것으로도 이해할 수 있다.

마블 시네마틱 유니버스의 스파이더맨 시리즈 세 번째 작품인 〈스파이더맨: 노 웨이 홈〉은 이를 잘 보여주는 예시다. 전작의 마지막 부분에서 뉴스 앵커인 조나 제임슨은 스파이더맨의 가짜 영상을 송출하여 그를 런던 드론 공격의 범인으로 몰아간 후 피터 파커라는 그의 정체를 세상에 공개한다. 이 폭로는 피터뿐 아니라 그의 친구인 엠제이와 네드에게도 영향을 미쳐, 세 사람은 대학에서 입학을 거절 당하는 상황에 처하게 된다. 피터는 친구들의 무너진 미래를 되돌리기 위해 닥터 스트레인지에게 모두가 폭로를 잊게 해주는 주문을 걸어달라고 부탁한다. 하지만 이 주문은 엠제이와 네드도 기억을 잊게 만들고, 피터는 닥터 스트레인지에게 주문을 수정해달라고 요청하며 상황을 혼란스럽게 만든다. 결국 닥터 스트레인지는 주문을 중단하지만 자신도 모르게 다른 우주들 사이의 포털을 여는 바람에 다른 스파이더맨 영화들에 등장하는 사람들이 현재 영화의 세계로 들어오게 된다.

여기서 요점은 피터가 자기 정체성의 핵심인 비밀을 되찾으려는 과정에서 정체성의 또 다른 핵심인 인간관계를 잃을 위험을 무릅썼다는 것이다.

닥터 스트레인지의 중단된 주문 때문에 그의 세계로 들어온 인물 중에는 이전 영화에서 스파이더맨/피터 파커를 연기했던 두 배우가 연기하는 두 버전의 스파이더맨이 있다. 우리는 결국 한 캐릭터의 세 가지 다른 버전을 보게 되지만 이들은 노골적으로 서로 다른 세 인물로 연기된다. 스파이더맨의 이러한 분열은 일종의 주체 분열로 이해할 수 있다. 세 인물 중 어느 누구도 진정한 스파이더맨은 아니다. 다른 인물로 파생되거나 변형된 원본은 존재하지 않는다. 라캉적 주체와 마찬가지로, 가정된 정체성들 뒤에 놓인 진정한 정체성

같은 것은 존재하지 않는다.

영화의 마지막 부분을 보면 다른 우주에서 온 다양한 방문객을 상대한 후 다른 세계에서 온 두 피터는 각자의 우주로 돌아간다. 남은 피터와 닥터 스트레인지는 자신들이 시작한 주문을 완성하여 다중 우주의 균열을 치유하고, 세상(들)에서 피터에 대한 기억을 계속 지워나가기로 결심한다. 주문이 끝난 뒤 피터는 엠제이가 일하는 커피숍에 들른다. 그곳에서 네드가 커피를 즐기고 있다. 그들은 이제 피터에 대해 아는 것이 없기 때문에 그를 알아보지 못할 뿐 아니라 그의 부재가 그들의 삶에 별다른 영향을 미치지 않는 것으로 보인다. 둘 다 꽤 행복해 보인다. 엠제이는 여전히 외톨이고 네드는 여전히 괴짜다. 요점은 우리는 자신이 주변 세상에서 중요한 의미를 지닐 것이라고 믿지만 그 중요한 의미란 대체로 상상적 산물이라는 것이다.

그것은 주로 상상적이지만 상징적이기도 하다. 영화에서 제대로 다뤄지지 않은 흥미로운 요소는 모두의 머릿속에서 피터에 대한 모든 생각을 지우려면 닥터 스트레인지가 피터의 기록 또한 모두 제거해야 했을 것이라는 점이다. 즉 피터는 상상계에서만이 아니라 상징계에서도 제거되어야 한다. 그 종합적 결과는 궁극적으로 영화 마지막 장면의 우주, 즉 닥터 스트레인지가 개입한 이후의 우주에 진정한 라캉적 주체로서의 피터가 존재하지 않는 것이다. 영화의 캐릭터는 여전히 존재하지만 그에 대한 어떤 문서도 세상에 존재하지 않는다.

 물론 주체의 빈곤이 실제로 마법적 집단 최면을 수반하는 것은 아니다. 이는 다른 사람의 기억을 지우는 것과는 무관하다. 주체의 빈곤은 오히려 자신과의 관계를 재정립하는 문제, 즉 우리의 상상계적 동일시는 실제 우리가 아니며, 우리 각자를 나타내는 출생 증명서, 결혼 증명서, 여권, 자격증, 소셜 미디어 프로필 등의 상징적 문서들이 우리가 아니라는 것을 받아들이는 일이다. 하지만 우리는 또한 이러한 것들 너머의 다른 무엇도 아니다.

 정체성 위치들을 포기하는 일은 언제나 새로운 정체성 위치들을 요구한다. 그러나 그 새로운 위치들 또한 완전한 '그것'이 아니다.

 따라서 분석의 종착점은 정체성이 없는 위치를 상정하는 것이 아니다. 그것은 사실상 또 다른 정체성일 뿐이다. 분석의 종착점은 오히려 자신에게 부여된 모든 정체성의 위치가 결코 내가 아니라는 인식을 수반하는 주체성의 위치를 상정하는 것이다.

8장에서는 라캉 이론의 파생 의미를 일부 도출하고 우리가 정신분석의 요점이라고 이해할 수 있는 바를 서술했다. 주요 개념은 다음과 같다.

- 정신분석의 종착점은 치유되거나 완전해지는 것이 아니다.
- 정신분석의 종착점은 사실 우리가 완전해질 수 있다는 환상을 극복하는 것이다.
- 이는 우리가 우리 자신에 대해 구축한 생각을 무너트리는 일을 수반한다.

9장. 그래서 이제는 무엇?

몇 가지 복잡한 이론을 살펴보았다. 라캉이 우리에게 주는 것이 무엇인지에 대한 생각, 즉 그의 사상에 대한 생각을 제시하려고 시도했다. '한국 독자에게'에서 언급했듯 라캉의 글과 가르침, 그리고 그가 글과 가르침을 통해 전달하고자 하는 사상은 매우 어렵기로 악명이 높다. 앞서 읽은 모든 내용을 관통하는 핵심 사상은 종결의 불가능성, 즉 말하는 존재로서 우리 존재에 필수적인 구조적 조건으로서의 불완전성에 대한 개념이었다. 내가 이 책에 담아내려 했던 것에도 불가능성과 불완전성이 스며 있다. 이 책이 라캉의 가르침에 대한 접근로를 열어줄 만큼의 개념은 제공했기를 바란다. 이 책이 흥미를 불러일으켰다면 다음으로 읽고 싶어 할 라캉에 관한 풍부한 글들을 소개한다.

한국어 라캉

곳곳에 드러나듯 이 책은 원래 영어로 쓰인 텍스트를 한국어로 번역한 것이다. 라캉의 사상을 한국어로 소개하는 최초의 진정한 입문서라고 생각한다. 하지만 이 책이 라캉에 관한 최초이자 유일한 한국어 책은 결코 아니다. 황동혁 감독의 인기 드라마 〈오징어 게임〉을 본 시청자라면 이 시리즈의 1편 2화에서 (배우 이병헌이 연기한) 준호가 프론트맨의 방을 방문했을 때 그의 책 중에 라캉의 한국어 번역본 두 권이 있다는 것을 눈치챘을 것이다. 첫 번째는 『자크 라캉: 욕망 이론』이고, 두 번째는 라캉의 열한 번째 세미나를 한국어로 번역한 『자크 라캉 세미나 11: 정신분석의 네 가지 근본 개념』이다. 이러한 소품 배치는 이 시리즈와 시리즈 속 게임에 라캉적 영감의 원천을 드러내는 것일 수도 있지만 더 분명하게는 한국에서 라캉이 수용되고 있으며, 라캉에 관한 책들이 한국어로 출간되고 있다는 사실을 증명하는 것이기도 하다. 아래는 다음 단계로 나아가고자 하는 여러분을 위해 한국어로 제공되는 매우 통찰력 있는 텍스트 중 일부다.

- 권택영, 『후기 구조주의 문학이론』, 민음사, 1990.
- 박영진, 『여자는 존재하지 않는다』, 위고, 2020.
- 이택광, 『한국 문화의 음란한 판타지』, yeondoo, 2024.
- 자크 라캉, 『자크 라캉: 욕망 이론』, 권택영 엮음, 권택영·민승기·이미선 옮김, 문예출판사, 1994.
- 자크 라캉, 『자크 라캉 세미나 11: 정신분석의 네 가지 근본 개념』, 맹정현·이수련 옮김, 새물결, 2008.

라캉 입문

영어를 읽을 수 있는 사람이라면 라캉에 관한 상당한 양의 참고 문헌을 살펴볼 수 있다. 이 책은 라캉에 대한 입문서로 기획한 책이지만 같은 내용을 다루면서 배경지식이 더 많이 담겨 있거나 더 복잡한 입문서로 자리 잡은 다른 책도 많이 있다. 이 책을 읽고 호기심이 생겼고, 너무 빠르게 나아가지 않으면서 특히 라캉과 그의 추종자들이 사용하는 난해한 용어를 더 잘 이해한다는 차원에서 다음 단계로 나아가고 싶다면 다음 저작들은 읽을 만한 가치가 있다.

- Homer, S., *Jacques Lacan*, Routledge, 2005.
- Leader, D. & Groves, J., *Lacan for Beginners*, Icon Books, 1995.

라캉의 사상 발전을 그의 삶의 맥락에서 이해하고자 한다면 엘리자베스 루디네스코가 쓴 라캉 전기를 읽어보는 것도 가치 있는 일이다.

- Roudinesco, E., *Jacques Lacan: An Outline of a Life and a History of a System of Thought*, Trans. Barbara Bray, Columbia University Press, 1999.

라캉의 저작

라캉에 관심이 있다면 물론 어느 시점에는 라캉을 읽어야 한다. 나는 오히려 라캉을 더 빨리 읽으라고 권하고 싶다. 그의 저서를 읽는 것은 어려울 수 있지만 천천히 읽으면서 숲속의 개척지, 즉 이해가 되기 시작하는 부분에 집중하다 보면 가닥을 잡게 될 것이다. 이 책이 종결의 불가능성을 거듭 강조한 것처럼 라캉의 가르침이나 저술에서 종결이란 존재하지 않는다는 점을 명심할 필요가 있다. 이는 라캉에 대한 단일한 해석이 존재하지 않는다는 뜻이기도 하다. 나는 여기서 한 가지 형태를 제시했고, 여러분이 읽을 다른 책들은 또 다른 형태를 제시할 것이며, 라캉을 직접 읽으면서 여러분은 자신만의 형태를 형성하게 될 것이다. 그러나 라캉 읽기에 대한 안내서를 제공하는 작업도 점점 늘어나고 있다. 이러한 안내서는 최종적인 것이 아니며, 최종적인 것이 될 수도 없다. 하지만 매우 도움이 될 수는 있다. 이러한 안내서 중 가장 대표적인 것은 네 권으로 구성된 『Reading Lacan's Écrits』[1] 편집 시리즈다. 이 책 네 권은 라캉의 주요 논문 모음집 『Écrits』의 각 논문에 대한 단락별 해설을 제공한다.

- Hook, D. & Vanheule, S. & Neill, C., Eds., *Reading Lacan's Écrits: From 'Signification of the Phallus' to*

---

[1] (역자 주) 라캉의 에크리 읽기.

'Metaphor of the Subject', Routledge, 2018.
- Hook, D. & Vanheule, S. & Neill, C., Eds., *Reading Lacan's Écrits: From 'The Freudian Thing' to 'Remarks on Daniel Lagache'*, Routledge, 2019.
- Hook, D. & Vanheule, S. & Neill, C., Eds., *Reading Lacan's Écrits: From 'Logical Time' to 'Response to Jean Hyppolite'*, Routledge, 2022.
- Hook, D. & Vanheule, S. & Neill, C., Eds., *Reading Lacan's Écrits: From 'Overture' to 'Presentation on Psychical Causality'*, Routledge, 2023.

라캉의 주요 저작은 『Écrits』('글들'이라는 뜻)와 『Autres écrits』('다른 글들'이라는 뜻)라는 두 논문집으로 묶여 있다(그는 직접 책을 쓴 적이 없다.). 지금까지는 이 중 첫 번째 논문만 영어로 번역되었다. 나는 이 책 3장에서 거울 단계에 관한 논문의 몇 가지 측면을 논의했지만 놀라울 정도로 짧은 논문의 많은 요점 중 일부만 다루었을 뿐이다. 라캉에 뛰어들고 싶다면 「정신분석 경험에서 드러나는 주체 기능을 형성하는 거울 단계」라는 논문은 출발하기에 좋은 지점이다. 겨우 일곱 쪽에 불과하지만 상당히 밀도 있는 글이다.

- Lacan, J., *Écrits: The First Complete Translation in English*, Trans. Bruce Fink, Norton, 2006.

현재 상당 부분이 영어 번역본으로 출판된 라캉의 구두 세미나(그리고 대부분이 코맥 갤러의 훌륭한 비공식 번역본으로 제공된다. 웹사이트: http://www.lacaninireland.com/web/)는 어떤 면에서 저서보다 읽기가 쉽다. 라캉의 강의를 편집한 필사본이기 때문에 저서보다 덜 복잡한 편이지만 집중도나 체계성이 떨어져 보일 수 있고 다소 들쭉날쭉한 부분이 있다.

- Lacan, J., *The Seminar of Jacques Lacan, Book I: Freud's Papers on Technique*, Trans. John Forrester, Norton, 1988a.
- Lacan, J., *The Seminar of Jacques Lacan, Book II: The Ego in Freud's Theory and in the Technique of Psychoanalysis*, Trans. Sylvana Tomaselli, Norton, 1988b.
- Lacan, J., *The Seminar of Jacques Lacan, Book III: The Psychoses*, Trans. Russell Grigg, Routledge, 1993.
- Lacan, J., *The Seminar of Jacques Lacan, Book IV: The Object Relation*, Trans. Adrian Price, Polity, 1920.
- Lacan, J., *The Seminar of Jacques Lacan, Book V: The Formations of the Unconscious*, Trans. Russell Grigg, Polity, 1917.
- Lacan, J., *The Seminar of Jacques Lacan, Book VI:*

Desire and Its Interpretation, Trans. Bruce Fink, Polity, 1919.
- Lacan, J., *The Seminar of Jacques Lacan, Book VII: The Ethics of Psychoanalysis*, Trans. Dennis Porter, Routledge, 1992.
- Lacan, J., *The Seminar of Jacques Lacan, Book VIII: Transference*, Trans. Bruce Fink, Polity, 2015.
- Lacan, J., *The Seminar of Jacques Lacan, Book X: Anxiety*, Trans. Adrian Price, Polity, 2015.
- Lacan, J., *The Seminar of Jacques Lacan, Book XI: The Four Fundamental Concepts of Psychoanalysis*, Trans. Alan Sheridan, Hogarth, 1977.
- Lacan, J., *The Seminar of Jacques Lacan, Book XVII: The Other Side of Psychoanalysis*, Trans. Russell Grigg, Norton, 2007.
- Lacan, J., *The Seminar of Jacques Lacan, Book XIX: ⋯ or Worse*, Trans. Adrian Price, Polity, 2018.
- Lacan, J., *The Seminar of Jacques Lacan, Book XX: Encore, On Feminine Sexuality: The Limits of Love and Knowledge*, Trans. Bruce Fink, Norton, 1998.
- Lacan, J., *The Seminar of Jacques Lacan, Book XXIII: The Sinthome*, Trans. Adrian Price, Polity, 2016.

캐롤 오웬스는 『Écrits』에 대한 해설 등 라캉의 세미나들에 대한 귀중한 논평 시리즈를 편집하고 있다. 이 책들은 본문에서 다루어지는 개념을 이해하는 데 매우 유용하다.

- Cox Cameron, O. & Owens, C., *Studying Lacan's Seminar VI: Dream, Symptom, and the Collapse of Subjectivity*, Routledge, 2021.
- Owens, C. & Almqvist, N., *Studying Lacan's Seminars IV and V: From Lack to Desire*, Routledge, 2019.

프로이트

라캉을 제대로 이해하려면 프로이트에 대한 이해도 필요하다는 것은 틀림없는 사실이다. 라캉은 1950년대부터 자신의 작업을 프로이트로의 회귀라고 설명했으며, 그의 논문과 세미나의 상당수가 프로이트의 글을 선별하여 다룬다. 프로이트에 대한 간략한 개요를 원한다면 조너선 리어의 소개서를, 더 전기적인 접근을 선호한다면 엘리자베스 루디네스코의 훌륭한 전기를 추천한다.

- Lear, J., *Freud*, Routledge, 2005.
- Roudineso, E., *Freud: His Time and Ours*, Trans. Catherine Porter, Harvard University Press, 2016.

프로이트의 저술은 빈티지북스 출판사에서 스물네 권으로 출간되어 있다. 프로이트의 저작을 읽고 싶다면 그의 유명한 사례 연구 중 하나부터 시작하는 것이 좋다. 이 사례들은 프로이트의 분석 방법과 양식에 대한 흥미로운 통찰력을 제공한다.

- Freud, S., *Standard Edition Vol. VII: A Case of Hysteria, Three Essays on Sexuality and Other Works*, Trans. James Strachey, Vintage Books, 2001.
- Freud, S., *Standard Edition Vol. X: Two Case Histories: 'Little Hans' and the 'Rat Man'*, Trans. James Strachey, Vintage Books, 2001.
- Freud, S., *Standard Edition Vol. XVII: An Infantile Neurosis and Other Works*, Trans. James Strachey, Vintage Books, 2001.

사례 연구를 넘어 『꿈의 해석 The Interpretation of Dreams』, 『농담과 무의식의 관계 Jokes and their Relation to the Unconscious』, 그리고 『문명 속의 불만 Civilization and Its Discontents』 2도 권하고 싶다. 처음 두 권은 프로이트가 정신의 작용을 어떻게 이

---

2 (역자 주) 이 세 권은 한국에서 번역, 출간되었다. 이 중 『문명 속의 불만』의 독일어 제목은 「Unbehagen in der Kultur」로, 한국어로는 '문명 속의 불안'에 가깝다. 한국어 번역본의 제목은 독일어 제목과 영어 번역본의 제목을 혼용한 것으로 보인다.

해했는지, 그리고 분석에 대한 개념을 어떻게 발전시켰는지에 대한 실제적 세부 사항에 관해 더 많은 통찰을 제공한다. 또한 이 책들은 라캉의 언어에 대한 주목을 이해하는 데 매우 유용한 선행 자료다. 『문명 속의 불만』은 프로이트가 문화로 눈을 돌린 좋은 예이며, 정신분석이 주로 정신분석 클리닉과 개인 분석 주체에 관한 것이라 하더라도 그것이 우리가 살아가는 더 넓은 문화 전체와도 늘 관련이 있음을 상기하게 해주는 책이기도 하다. 이 책들이 원래 1899년, 1905년, 1930년에 출판된 것을 고려해볼 때 그 사이에 탐구된 풍부한 이론과 발전이 있었다는 점을 염두에 두는 것이 좋다.

- Freud, S., *Standard Edition Vol. IV: The Interpretation of Dreams, Part I*, Trans. James Strachey, Vintage Books, 2001a.
- Freud, S., *Standard Edition Vol. V: The Interpretation of Dreams, Part II*, Trans. James Strachey, Vintage Books, 2001b.
- Freud, S., *Standard Edition Vol. VIII: Jokes and their Relation to the Unconscious*, Trans. James Strachey, Vintage Books, 2001c.
- Freud, S., *Standard Edition Vol. XXI: The Future of an Illusion, Civilization and Its Discontents and Other Works*, Trans. James Strachey, Vintage Books, 2001d.

철학

이 책을 읽으면 알 수 있듯 라캉은 프로이트와 정신분석을 수용할 뿐 아니라 철학의 영향을 많이 받았다. 그는 세미나에서 철학적 글을 자주 인용했고 그의 생각 일부는 명백히 철학에 기반을 둔다. 특히 플라톤, 데카르트, 헤겔과 관련하여 이러한 경향을 보였으며, 이들의 저술에 익숙해지는 것은 라캉의 연구를 이해하는 데 큰 도움이 될 수 있다. 이 책에서 언급되는 주요 저작은 다음과 같다.

- Descartes, R., *Meditations on First Philosophy*, Trans. D. A., Hackett, 1993.
- Hegel, G. W. F., *The Phenomenology of Mind*, Trans. J. B. Baillie, Harper and Row, 1967.
- Plato, *Symposium*, Trans. Robin Waterford, Oxford University Press, 2008.

플라톤과 데카르트는 꽤 직관적인 반면, 헤겔은 라캉과 마찬가지로 읽기가 다소 어려울 수 있다. 프레드릭 바이저의 입문서는 헤겔 사상의 기본을 잘 설명하여 읽기에 적절하다. 내가 아는 헤겔에 대한 최고의 책 중 하나는 토드 맥고완의 『Emancipation after Hegel: Achieving a Contradictory

Revolution』3이다. 우리의 맥락에서 볼 때 이 책의 장점은 저자가 라캉주의자라는 것이다. 따라서 이 책은 헤겔의 사고와 라캉의 사고(그리고 프로이트의 사고)를 잇는 중요한 연결 고리를 명확하게 보여준다.

- Beiser, F., *Hegel*, Routledge, 2018.
- MacGowan, T., *Emancipation after Hegel: Achieving a Contradictory Revolution*, Columbia University Press, 2019.

윤리

특히 이 책의 마지막 장에서 라캉의 사고에는 강력한 윤리적 차원이 있다는 것이 분명히 드러났다. 그렇다고 라캉이 도덕적 교훈을 설파한다는 이야기는 아니다. 오히려 정반대다. 라캉이 지지하는 윤리는 복잡하며, 무엇이 옳고 그른지에 대한 명확한 인식이 불가능하다는 점과 씨름한다. 내가 쓴 책이긴 하지만 라캉의 윤리적 주장에 대한 명확한 개요를 보려면 『Without Ground』4를 추천하고 싶다. 지금 이 책을 즐겁게 읽었다면 그 책에서도 친숙한 문제를 발견할 수 있을 것이고, 그 점이 매력적으로 다가올지도 모른다. 이 책보다 훨씬 자세

3　(역자 주) 헤겔 이후의 해방: 모순된 혁명 달성하기.
4　(역자 주) 편견 없이.

한 내용을 다루기 때문에 징검돌 역할도 할 수 있다.

- Neill, C., *Without Ground: Lacanian Ethics and the Assumptions of Subjectivity*, Palgrave, 2014.

임상

이 책은 라캉 사상의 표면만 훑어볼 뿐이다. 내내 강조했듯 정신분석은 무엇보다도 임상 실천의 한 양식이다. 임상 실천으로서의 정신분석 이론을 더 잘 이해하는 데 관심이 있다면 임상 적용의 맥락에서 이론의 복잡한 영역을 다룬 임상가들의 책이 많이 있다. 그러나 이러한 책 중 상당수는 라캉주의자들이 라캉주의자들을 위해 쓴 것으로 보이며, 이러한 집단에서 수년간 경험이 있는 실천 정신분석가가 아니라면 읽기가 매우 어려울 수 있다. 이 중 어떤 책들은 아예 접근이 불가능해 보인다. 그러나 어둠에 빛을 비춰주고 라캉의 사상에 쉽게 접근할 수 있도록 열심히 노력한 임상가들이 쓴 책들도 있다. 실천적 통찰력을 얻고 싶다면 아래 책들을 추천한다.

- Fink, B., *A Clinical Introduction to Lacanian Psychoanalysis*, Harvard University Press, 1997.
- Miller, M. J., *Lacanian Psychotherapy: Theory and Practical Applications*, Routledge, 2011.

라캉은 세 가지 임상적 구조, 즉 실질적으로 주체가 되는 세 가지 다른 방식이 있다고 제안한다. 이는 정신증, 신경증, 그리고 도착증이다. 정신증에 대해서는 아래 책들을 추천하고 싶다.

- Fimiani, B., *Psychosis and Extreme States: An Ethic for Treatment*, Palgrave, 2020.
- Rogers, A. G., *Incandescent Alphabets: Psychosis and the Enigma of Language*, Routledge, 2016.
- Vanheule, S., *The Subject of Psychosis: A Lacanian Perspective*, Palgrave, 2014.

신경증은 강박형과 히스테리형 모두에서 수치적으로 가장 전형적 구조이기 때문에 라캉의 임상 사상에 대한 더 일반적인 책들은 흔히 여기에 초점을 맞춘다. 이러한 이유로 이들 구조에만 별도로 초점을 맞춘 책은 상대적으로 적은 듯하다. 이 상황이 점차 달라지기를 기대한다.

도착증에 대해서는 아래의 책을 참고하기를 추천한다.

- Swales, S., *Perversion: A Lacanian Psychoanalytic Approach to the Subject*, Routledge, 2012.

지젝

라캉에 대한 관심의 증가와 그에 따른 라캉 관련 문헌의 증가는 적어도 부분적으로는 1990년대 어느 슬로베니아 철학자의 출현에서 찾을 수 있다. 슬라보예 지젝은 라캉의 사상을 대중화하는 데 성공하여 어느 정도 주류로 끌어올렸다. 그는 라캉을 현대 정치, 이데올로기, 영화에 적용함으로써 이러한 사상에 이전보다 쉽게 접근할 수 있게 했다. 그러나 지젝은 두 가지 특징적 글쓰기 양식을 보인다. 영화에 초점을 맞춘, 상대적으로 접근하기 쉬운 책과 더 도전적이고 철학적인 책이다. 또한 라캉이 지젝에게 막대한 영향을 미쳤지만 그의 책 중 일부는 다른 책들보다 더 명백하게 라캉적이라는 사실에도 주목할 필요가 있다. 지젝 읽기의 출발점으로는 1989년 저서 『이데올로기의 숭고한 대상The Sublime Object of Ideology』을 추천한다. 그 외에도 논문 모음집 『Interrogating the Real』[5]은 그의 다양한 주장에 대한 좋은 접근 지점이다. 더 영화적인 지젝을 원한다면 데이비드 린치와 크시슈토프 키에실로프스키에 관한 책을 추천하고 싶다.

- Žižek, S., *The Sublime Object of Ideology*, Verso, 1989a.
- Žižek, S., *Interrogating the Real: Selected Writings*, Eds.

---

5 (역자 주) 실재에 대한 탐구.

Rex Butler & Scott Stephens, Bloomsbury, 1989b.
- Žižek, S., *The Art of the Ridiculous Sublime: On David Lynch's Lost Highway*, Washington University Press, 2000.
- Žižek, S., *The Fright of Real Tears: Krzysztof Kieślowski Between Theory and Post-Theory*, The British Film Institute, 2001.

더 철학적인 책 중에서 지젝의 진정한 대작은 아마도 2012년 저서 『Less Than Nothing』6이겠지만 다른 책도 몇 가지 추천하고 싶다.

- Žižek, S., *Tarrying with the Negative: Kant, Hegel, and the Critique of Ideology*, Duke University Press, 1993.
- Žižek, S., *The Indivisible Remainder: Essays on Schelling and Related Matters*, Verso, 1996.
- Žižek, S., *The Parallax View*, MIT Press, 2006.
- Žižek, S., *Less Than Nothing: Hegel and the Shadow of Dialectical Materialism*, Verso, 2012.

---

6 (역자 주) 무보다 적은. 이 책은 『헤겔 레스토랑』, 『라캉 카페』(조형준 옮김, 2013)라는 제목으로 한국에서 번역, 출간되었다.

지젝이 다작하는 저술가이며 정치와 문화 세계에 항상 발 빠르게 참여한다는 점은 주목할 가치가 있다. 따라서 어떤 면에서 최근 저서들은 늘 가장 유의미한 읽을거리라고 할 수 있다.

- Žižek, S., *Surplus Enjoyment: A Guide for the Non-perplexed*, Bloomsbury, 2022.

영화

1970년대 초부터 라캉은 영화 이론가들에게 영감을 주었다. 로라 멀비, 크리스티안 메츠, 스티븐 히스 등 많은 위대한 영화 이론가가 라캉의 영향을 받은 흔적을 자신들의 작업에 분명히 남겼다. 그러나 라캉의 영향을 받은 영화 이론은 그 이후로 크게 발전했다. 이는 부분적으로는 라캉이 더 널리 보급되고 번역되었기 때문이고, 다른 한편으로는 라캉 연구가 전반적으로 확장된 데 따른 것이며, 특히 그중 영화 이론 차원의 연구가 두드러졌기 때문이다.

라캉을 영화 이론에 도입한 초기 작업의 개관과 적용 사례를 잘 살펴보고 싶다면 롭 랩슬리와 마이클 웨스트레이크의 저서 『Film Theory: An Introduction』[7]을 찾아보기 바란다. 라캉 영화 이론의 최근 적용과 발전은 아래에서 확인할 수 있다.

---

7 (역자 주) 영화 이론: 소개.

- Bristow, D., *2001: A Space Odyssey and Lacanian Psychoanalytic Theory*, Palgrave, 2018.
- Lapsley, R. & Westlake, M., *Film Theory: An Introduction*, Manchester University Press, 1988.
- McGowan, T., *The Impossible David Lynch*, Columbia University Press, 2007a.
- McGowan, T., *The Real Gaze: Film Theory after Lacan*, State University of New York Press, 2007b.
- Neill, C., Ed., *Lacanian Perspectives on Blade Runner 2049*, Palgrave, 2020.
- Tyrer, B., *Out of the Past: Lacan and Film Noir*, Palgrave, 2016.

인종

라캉 이론의 한 가지 중요한 결함은 그것이 특히 백인 이론으로 보인다는 점이다. 라캉은 인종에 대한 질문에는 거의 관여하지 않았고, 다양한 임상 구조와 성적 위치에 따른 다양한 존재 양식을 섬세하게 구분하여 도입했지만 인종에 관해서는 그의 작업이 다소 평면적으로 보인다. 라캉 이론의 주체는 의도치 않게 백인 주체인 것처럼 보인다. 그럼에도, 아니 오히려 아마도 이 때문에 라캉의 사상은 정신분석 이론 자체에서 크게 취급되지 않는 우리 문화의 복잡한 인종 문제를 고려하기 위해 채택되기 시작했다. 이 분야에서 가장 중요한 연구이자 라캉 이론 전체에서 가장 중요한 책 중 하나는 데이비드 매리어트의 저서 『Lacan Noir』[8]다. 매리어트 외에(아마도 매리어트를 읽기 전에 읽는 것이 좋을 듯한데) 데릭 훅과 셸던 조지가 편집한 『Lacan and Race』[9]도 이 주제에 대한 훌륭한 입문서이며, 조지의 저서 『Trauma and Race』[10]도 마찬가지다.

- George, S., *Trauma and Race: A Lacanian Study of African American Racial Identity*, Baylor University Press, 2016.
- Hook, D. & Sheldon, G., *Lacan and Race: Racism, Identity, and Psychoanalytic Theory*, Routledge, 2021.
- Marriott, D., *Lacan Noir: Lacan and Afro-pessimism*, Palgrave, 2021.

성과 젠더

정신분석에서 성에 대한 질문이 차지하는 중심적 위치를 고려할 때 수년에 걸쳐 라캉의 관점에서 성별과 성에 관해 쓰인 책이 많다는 것은 놀랄 만한 일이 아니다. 이 중에는 여성성에 초점을 맞춘 엘리자베스 그로스의 『Jacques Lacan: A

---

8 (역자 주) 라캉 누아르. '누아르'는 프랑스어로 '검은'을 뜻한다.
9 (역자 주) 라캉과 인종.
10 (역자 주) 트라우마와 인종.

Feminist Introduction』[11]과 남성성에 초점을 맞춘 앤서니 이스트호프의 『What Man's Gotta Do』[12] 그리고 레나타 살레츨이 두 성 사이의 (불가능한) 관계에 대해 다룬 『(Per) Versions of Love and Hate』[13]이 있다.

여기서 분명히 드러나는 것은, 그리고 지금 여러분이 읽고 있는 이 책에도 분명하게 드러났을 것은 성을(또는 젠더를) 여전히 이분법적으로 생각하는 경향이 있다는 것이다. 라캉이 자신의 연구, 특히 후기 연구에서 어느 정도 이분법을 따르고 있는지에 대해서는 공개적 논의가 이루어진다. 이는 단순히 라캉이 무엇을 말했는지 또는 그가 무엇을 의미했는지에 대해 논쟁하는 문제일 뿐 아니라 라캉 이론을 가지고, 또 그 이론으로부터 어디로 나아가야 하는지에 대한 문제이기도 하다. 라캉이 '프로이트로의 회귀'라고 했을 때 그가 주목했던 한 가지는 프로이트의 스스로에 대한 끊임없는 질문, 자신의 생각을 재고하는 태도, 자신이 모든 답을 가지고 있지 않다는 사실, 즉 완결된(따라서 닫힌) 이론을 만들어내지 못했다는 사실을 분명히 인정하는 그의 솔직함이었다. 프로이트로 회귀하면서 라캉은 자기 연구에서도 이러한 요소를 강조했다. 따라서 라캉을 라캉적 방식으로 읽으려면 항상 의문에 열려 있고 발전할 준비가 되어 있는 것으로 읽

---

11 (역자 주) 자크 라캉: 페미니스트 입문.
12 (역지 주) 남자가 해야 할 일.
13 (역자 주) 사랑과 증오의 도착들.

어야 한다. 이러한 태도가 적용되는 중요하고 시사적인 영역 중 하나는 젠더 정체성에 대한 질문이다. 이 분야에서 가장 좋은 책 두 권은 패트리샤 게로비치의 저작이다.

- Easthope, A., *What a Man's Gotta Do: The Masculine Myth in Popular Culture*, Routledge, 2016.
- Gherovici, P., *Please Select Your Gender: From the Invention of Hysteria to the Democratizing of Transgenderism*, Routledge, 2010.
- Gherovici, P., *Transgender Psychoanalysis: A Lacanian Perspective on Sexual Difference*, Routledge, 2017.
- Grosz, E., *Jacques Lacan: A Feminist Introduction*, Routledge, 1990.
- Salecl, R., *(Per)Versions of Love and Hate*, Verso, 2000.

문화와 정치

정치에 관한 생각의 도구로서 라캉 이론의 일반적 견해를 알고 싶다면 야니스 스타브라카키스의 『Lacan and the Political』[14]가 최적이다. 아래에 나열된 다른 책들은 문화와 정치의 특정 측면을 다루며, 각각 다른 방식으로 라캉 이

---

14 (역자 주) 라캉과 정치.

론을 생산적으로 사용하여 우리가 세상에 대해 생각하는 방법과 어떻게 이론이 계속 발전될 수 있는지에 대한 흥미로운 통찰을 제공한다. 여기에는 소셜 미디어(플리스페더), 인공지능(밀러), 문학(라바테), 환경(번햄과 킹스베리) 또는 정신분석 자체(웹스터)에 대한 고려가 포함된다.

- Burnham, C. & Kingsbury, P., *Lacan and the Environment*, Palgrave, 2021.
- Flisfeder, M., *Algorithmic Desire: Toward a New Structuralist Theory of Social Media*, Northwestern University Press, 2021.
- Millar, I., *The Psychoanalysis of Artificial Intelligence*, Palgrave, 2021.
- Rabaté, J. M., *Jacques Lacan: Psychoanalysis and the Subject of Literature*, Routledge, 2001.
- Webster, J., *The Life and Death of Psychoanalysis: On Unconscious Desire and Its Sublimation*, Divided Publishing, 2011.

유튜브

인쇄된 글 외에 라캉의 사상을 접할 수 있는 유용한 경로는 유튜브를 이용하는 것이다. 유튜브에는 라캉 사상의 측면들을 설명하거나 그에 참여하는 많은 동영상이 올라와 있다.

그중 다음 두 채널을 추천한다. 첫 번째 채널은 라캉 사상의 핵심 측면들을 다룬 흥미로운 독립 영상을 제공한다. 두 번째는 저명한 라캉주의자들이 자신의 현재 작업에 대해 발표하고 토론하는 영상을 볼 수 있는 토론 전문 채널이다. 이 두 번째 채널의 영상들은 내가 주최하는 온라인 세미나의 녹화본으로, 세미나에는 매월 마지막 주 목요일에 누구나 무료로 참석할 수 있다. 라캉에 대한 기본 안내서를 읽고 흥미가 생겼다면 동참해보면 어떨까?

- LacanOnline: https://www.youtube.com/c/lacanonline
- Lacan In Scotland: https://www.youtube.com/c/LacanInScotland

용어 정리

강박 신경증 obsessional neurosis

강박 신경증은 신경증의 두 가지 형태 중 하나로 다른 하나는 히스테리아 또는 히스테리적 신경증이다. 라캉은 강박 신경증은 남성에게 가장 전형적이고 히스테리아는 여성에게 더 전형적이라고 주장한다. 강박 신경증자는 상징 질서 안에 완전히 들어 있으며, 그래서 어떤 의미에서는 완전히 살아 있지 않다.

거세 castration

라캉의 용법에서 거세는 결여를 지칭하며, 특히 어머니의 욕망을 완전히 충족하는 데 필요한 것이 자신에게 없음을 아이가 발견하는 것을 의미한다. 거세는 또한 우리가 언어에 진입함으로써 발생하는 효과와 이를 통해 생겨나는 결여를 설명하는 데에도 사용된다. 이 두 가지 용도는 사실상 함께 묶여 있으며, 그러한 의미에서 실제로는 하나다.

거울 단계 mirror stage

거울 단계는 외부 이미지, 가장 일반적으로는 거울에 비친 자기 이미지와 만남으로써 정체성을 형성하는 과정을 뜻한다. 라캉은 이를 어린 시절 경험의 관점에서 설명하지만 궁극적으로 우리는 평생 거울화 과정을 통해 정체성을 강화하기 때문에 이 과정은 끝이 없다. 거울 단계 개념에서 중요한 것은 우리 자신으로 여겨지는 이미지가 우리의 모습을 하고 있을지라도 우리 자신과 항상 근본적으로 다르다는 사실이다. 이미지는 이미지일 뿐이며, 항상 상당 부분이 왜곡이다.

기의 signified

기의는 기표로 전달되는 생각이다.

기표 signifier

기표는 어떤 단어나 구의 일반화된(그것이 말해지거나 쓰인 특정 사례의 반대인) 형태다.

남근 phallus

프로이트가 음경 penis을 언급했다면, 라캉은 남근이라는 용어를 선호하며, 이를 신체 부위와 구별하고자 한다. 라캉에게 남근은 상상적, 상징적, 실재적 방식으로 작동하며 우리의 불완전성 또는 거세를 결정하는 부재를 가리킨다.

무의식 the unconscious

무의식은 프로이트의 첫 번째 지형도에서 의식, 전의식과 함께 정신의 세 가지 요소 중 하나다. 전형적인 프로이트적 용법에서는 억압된 생각의 저장소를 의미한다. 라캉의 용법에서 무의식은 언어와 더 밀접하게 연관되어 있다. 라캉은 무의식이 언어처럼 구조화되어 있다고 주장한다. 관사 없이 사용되는 무의식unconscious은 의식되지 않는 관념을 지칭하는 형용사로 기능한다.

바로미언 매듭 barromean knot

바로미언 매듭은 고리 세 개가 얽힌 지형학적 도형으로, 그 중 하나를 자르면 세 개가 모두 분리되는 결과로 이어진다. 라캉은 바로미언 매듭을 사용하여 상상계, 상징계, 실재계의 세 영역 중 어느 하나가 분리되면 세 영역이 모두 분리된다는 사실을 표현한다. 즉 세계에 대한 경험은 상상계, 상징계, 실재계의 상호 작용을 통해 유지된다. 세 영역이 함께 유지되지 않는 상태는 정신증을 설명하는 한 가지 방법이 될 수 있다.

분리 separation

분리는 기본적으로 아이가 어머니와 구별되는 존재로서 자신을 경험하는 방식을 말한다. 중요한 것은 라캉에게 분리란 이전의 결합 상태가 아닌 이전의 결합 상태에 대한 환상적 가정을 암시한다는 것이다. 다시 말해 분리의 경험은 분리되지 않은 이전 상태에 대한 가정을 불러일으킨다. 분리는 결여의 표현 중 하나다.

상상계 the imaginary

상상계는 경험의 세 가지 영역 중 하나로 다른 두 영역은 상징계와 실재계다. 상상계는 동일시의 기초이며, 거울 단계와 밀접한 관련이 있다.

상징계 the symbolic

상징계는 상상계, 실재계와 함께 경험의 세 가지 영역 중 하나다. 상징계는 우리 경험의 구조와 규칙을 지배하는 측면을 의미하며 언어, 법, 사회 구조 등을 포함한다.

성화 sexuation

성화는 성적 위치나 성 정체성을 취하는 과정을 의미한다.

소외 alienation

소외는 기본적으로 우리의 존재가 언어 속에 있기 때문에 우리가 우리 자신과 분리되어 있다는 개념을 말한다.

신경증 neurosis

신경증은 라캉이 사용한 세 가지 임상 범주 중 하나로 다른 두 가지는 정신증과 도착이다. 각 임상 범주는 서로 다른 억압 방식과 연관되어 있다. 신경증과 관련된 억압 방식은 부인이다. 이는 억압된 내용이 의식 밖으로 밀려났지만 다시 돌아올 수 있음을 시사한다.

실재계 the real

실재계는 상징계, 상상계와 함께 경험의 세 가지 영역 중 하나다. 실재계란 우리가 알지 못하는 것, 현재의 지식을 넘어서는 것 또는 단어나 개념이 없는 것을 말한다. 또한 언어에 내재된 간극, 즉 무언가를 완전히 말하거나 모든 것을 말할 수 없다는 사실을 의미한다.

아갈마 agalma

아갈마는 본디 조각상, 특히 신을 나타내는 조각상을 뜻한다. 플라톤은 『향연』에서 이 용어를 누군가와 사랑에 빠지게 만드는 그 사람 내면의 신비한 무언가를 가리키는 말로 사용했다. 이러한 의미를 라캉이 발전시킨 것이다. 아갈마는 '오브제 프티 아' 개념의 여러 부분적 변형 중 하나로 이해할 수 있다.

아버지의 이름/아버지의 안 돼 name of the father/no of the father

이 두 용어는 프랑스어에서 '농 뒤 페르nom du père/ non du père'로 동일하게 들린다. 이 용어는 아이가 어머니에게 접근하는 것을 금지하고 아이를 언어로 인도하는 아버지의 성격을 띤 인물의 개입을 나타낸다.

억압 repression

억압은 무언가가 무의식화되었다는 사실을 의미한다.

역동 drive

역동은 프랑스어 용어인 '퓔시옹pulsion'의 영어 번역어로, 퓔시옹은 다시 프로이트가 사용한 독일어 용어인 '트립Trieb'의 번역어다. 일반적으로 트립은 영어로 '본능instinct'으로 번역되지만 프로이트가 사용하는 역동은 본능이 암시하는 생물학적 의미를 항상 내포하는 것은 아니다. 욕망과 마찬가지로 역동은 '오브제 프티 아'와 관련이 있다. 욕망이 '오브제 프티 아'를 목표로 한다면, 역동은 오브제 프티 아를 순환하게 하는 것을 목표로 한다. 프로이트에 이어 라캉은 다양하거나 부분적인 욕구(항문적 역동, 구강적 역동, 시각적 역동, 청각적 역동)를 언급하지만 모든 역동은 궁극적으로 죽음 역동이라고 주장한다.

오브제 프티 아 objet petit a

'오브제 프티 아'는 라캉 이론의 핵심 용어 중 하나로, 우리가 구조적으로 결여되어 있다는 사실과 이 결여를 채워줄 수 있는 환상화된 것을 모두 지칭한다.

욕망 desire

라캉에게 욕망은 결여와 밀접한 관련이 있으며, 따라서 '오브제 프티 아'와도 연결되어 있다. 라캉에게 욕망은 항상 무의식적 욕망이다.

의식 the conscious

의식은 프로이트의 첫 번째 지형도에서 세 가지 정신적 요소 중 하나를 담당한다. 다른 두 요소는 전의식과 무의식이다. 의식은 지각과 연결되어 있으며, 우리가 인식하는 생각의 찰나적 형태를 말한다.

잉여 주이상스 surplus jouissance

잉여 주이상스는 남들은 즐기지만 나는 누리지 못한다고 상상되는 즐거움이다.

전의식 the preconscious

프로이트의 첫 번째 지형도는 정신의 세 가지 요소인 의식, 전의식, 무의식을 가정한다. 전의식은 현재 의식적으로 생각하고 있지는 않지만 쉽게 접근할 수 있는 모든 생각이나 기억을 말한다.

정신증 psychosis

정신증은 세 가지 임상 구조 중 하나다. 라캉이 사용하는 정신증은 정신의학적 용어로서의 정신증과 분명 공통된 부분이 있다. 그러나 두 분야가 정신 또는 대상에 대해 근본적으로 다른 이해를 바탕으로 하기 때문에 정신증이라는 용어가 사용되는 방식은 상당히 다르다. 라캉은 후기 세미나에서 정신증을 상상계, 상징계, 그리고 실재계가 맞물린 고리인 바로미언 매듭과 연관 짓는다. 라캉은 정신증이란 이 고리들이 서로 맞물리지 않은 결과라고 주장한다. 정신증은 결여라는 개념과 관련해서도 이해될 수 있다. 정신증 환자는 자신의 결여를 마치 존재하지 않는 것처럼 차단한다는 점에서 그렇다. 이런 의미에서 확실성을 정신증의 특징으로 이해할 수 있다.

주이상스 jouissance

주이상스는 쾌감을 뜻하는 프랑스어 용어다. 일반적으로 성적 쾌감과 관련하여 사용되지만 재산을 사용하거나 즐길 권리를 의미할 때도 사용된다. 주이상스는 극도의 쾌감, 즉 고통과 경계를 이루거나 고통과 구별할 수 없는 쾌감을 지칭하는 데 사용될 수 있으며, 라캉은 대체로 주이상스를 그런 의미로 사용한다.

주체 | subject

주체라는 용어는 넓은 의미에서 사람이라는 개념을 뜻하지만 동시에 어떤 권력 아래에 있다는 의미를 내포한다. 예를 들어 군주제에서는 사람들이 왕권의 신민으로 지칭되며, 우리 모두는 거주국의 법률에 종속된 존재다.[1]

차단 | foreclosure

차단은 억압의 세 가지 양식 중 하나이며, 나머지 두 가지는 부인과 부정이다. 라캉은 각 억압 양식을 서로 다른 임상 구조로 설명한다. 차단은 정신증과 관련된 억압 방식이다. 이는 억압된 내용이 마치 처음부터 존재하지 않았던 것처럼 완전히 가로막혀 있음을 의미한다.

푸앵 드 카피통 | point de capiton

푸앵 드 카피통은 천갈이를 전문으로 하는 사람이 쿠션 속 솜이 움직이는 것을 막기 위해 사용하는 단추다. 라캉은 이 용어를 차용하여 말(또는 글)에서 의미가 정착되도록 하는 구두점을 지칭한다. 어떤 문장이든 더 많은 단어를 추가하여 문장의 의미를 바꿀 수 있으며, 푸앵 드 카피통은 안정된 의미를 찾은 것처럼 보이는 지점이지만 의미는 언제든 추가 단

---

1 (역자 주) 원문에서는 '신민'과 '종속된 존재'를 모두 'subject'로 표기한다. 원문은 다음과 같다. "People are referred to as subjects of the crown or we are all subject to the laws of the country in which we reside."

어로 변경되거나 반전될 수 있다. 영화 〈웨인의 세상〉에서 문장에 부정 단어 'not'을 추가하는 것이 그 고전적 예다.

히스테리아 hysteria
히스테리아는 신경증의 두 가지 형태 중 하나이며, 다른 하나는 강박 신경증이다. 라캉은 히스테리아는 여성의 전형이고, 강박 신경증은 남성의 전형이라고 주장하지만 그렇다고 남성이 히스테리적일 수 없다는 의미는 아니다. 히스테리아는 특히 권위에 대한 도전으로 특징지어진다.

참고 문헌

책

- Aquinas, T., *On Politics and Ethics*, Trans. Paul Sigmund, Norton, 1988.
- Aquinas, T., *Selected Philosophical Writings*, Trans. Timothy McDermott, Oxford University Press, 2008.
- Aristotle, *Physics*, Trans. David Bostock, Oxford University Press, 2008.
- Augustine, *Confessions*, Trans. Richard Sidney Pine-Coffin, Penguin, 2003.
- Boothby, R., *Freud as Philosopher: Metapsychology after Lacan*, Routledge, 2001.
- Coleridge, S. T., *Biographia Literaria*, Princeton University Press, 1983.
- Descartes, R., *Meditations on First Philosophy*, Trans. Donald. A. Cress, Hackett, 1993.

- Fink, B., *The Lacanian Subject: Between Language and Jouissance*, Princeton University Press, 1995.
- Freud, S., *Standard Edition*, Vintage Books, 2001.
    - *Vol. I Pre-Psycho-Analytic Publications and Unpublished Drafts*, 1886~1899.
    - *Vol. II Studies in Hysteria By Josef Breuer and S. Freud*, 1893~1895.
    - *Vol. III Early Psycho-Analytic Publications*, 1893~1899.
    - *Vol. IV The Interpretation of Dreams(I)*, 1900.
    - *Vol. V The Interpretation of Dreams(I) and On Dreams*, 1900~1901.
    - *Vol. VI The Psychopathology of Everyday Life*, 1901.
    - *Vol. VII A Case of Hysteria, Three Essays on Sexuality and Other Works*, 1901~1905.
    - *Vol. VIII Jokes and Their Relation to the Unconscious*, 1905.
    - *Vol. IX Jensen's Gradiva, and Other Works*, 1906~1909.
    - *Vol. X The Cases of 'Little Hans and the Rat Man'*, 1909.
    - *Vol. XI Five Lectures on Psycho-Analysis, Leonardo and Other Works*, 1910.
    - *Vol. XII The Case of Schreber, Papers on Technique and Other Works*, 1911~1913.
    - *Vol. XIII Totem and Taboo and Other Works*, 1913~1914.
    - *Vol. XIV On the History of the Psycho-Analytic Movement, Papers on Meta-Psychology and Other Works*, 1914~1916.
    - *Vol. XV Introductory Lectures on Psycho-Analysis, Parts I and II*,

1915~1916.
- *Vol. XVI Introductory Lectures on Psycho-Analysis, Part III*, 1916~1917.
- *Vol. XVII An Infantile Neurosis and Other Works*, 1917~1919.
- *Vol. XVIII Beyond the Pleasure Principle, Group Psychology and Other Works*, 1920~1922.
- *Vol. XIX The Ego and the Id and Other Works*, 1923~1925.
- *Vol. XX An Autobiographical Study, Inhibitions, Symptoms and Anxiety, Lay Analysis and Other Works*, 1925~1926.
- *Vol. XXI The Future of an Illusion, Civilization and Its Discontents and Other Works*, 1927~1931.
- *Vol. XXII New Introductory Lectures on Psycho-Analysis and Other Works*, 1932~1936.
- *Vol. XXIII Moses and Monotheism, An Outline of Psycho-Analysis and Other Works*, 1937~1939.

- Hegel, G. W. F., *The Phenomenology of Mind*, Trans. James Black Baillie, Harper and Row, 1967.
- Hook, D. & Vanheule, S. & Neill, C., Eds., *Reading Lacan's Écrits: From 'Signification of the Phallus' to 'Metaphor of the Subject'*, Routledge, 2018.
- Hook, D. & Vanheule, S. & Neill, C., Eds., *Reading Lacan's Écrits: 'From The Freudian Thing' to 'Remarks on Daniel Lagache'*, Routledge, 2019.

- Hook, D. & Vanheule, S. & Neill, C., Eds., *Reading Lacan's Écrits: From 'Logical Time' to 'Response to Jean Hyppolite'*, Routledge, 2022.
- Hook, D. & Vanheule, S. & Neill, C., Eds., *Reading Lacan's Écrits: From 'Overture' to 'Presentation on Psychical Causality'*, Routledge, 2023.
- Kafka, F., *The Trial*, Trans. Wills & Edwin Muir, Penguin, 1953.
- Kant, I., *Critique of Pure Reason*, Trans. Norman Kemp Smith, St. Martin's Press, 1965.
- Lacan, J., *The Seminar of Jacques Lacan, Book I: Freud's Papers on Technique*, Trans. John Forrester, Norton, 1988a.
- Lacan, J., *The Seminar of Jacques Lacan, Book II: The Ego in Freud's Theory and in the Technique of Psychoanalysis*, Trans. Sylvana Tomaselli, Norton, 1988b.
- Lacan, J., *The Seminar of Jacques Lacan, Book III: The Psychoses*, Trans. Russell Grigg, Routledge, 1993.
- Lacan, J., *The Seminar of Jacques Lacan, Book IV: The Object Relation*, Trans. Adrian Price, Polity, 1920.
- Lacan, J., *The Seminar of Jacques Lacan, Book V: The Formations of the Unconscious*, Trans. Russell Grigg, Polity, 1917.
- Lacan, J., *The Seminar of Jacques Lacan, Book VI: Desire and Its Interpretation*, Trans. Bruce Fink, Polity, 1919.

- Lacan, J., *The Seminar of Jacques Lacan, Book VII: The Ethics of Psychoanalysis*, Trans. Dennis Porter, Routledge, 1992.
- Lacan, J., *The Seminar of Jacques Lacan, Book VIII: Transference*, Trans. Bruce Fink, Polity, 2015.
- Lacan, J., *The Seminar of Jacques Lacan, Book X: Anxiery*, Trans. Adrian Price, Polity, 2014.
- Lacan, J., *The Seminar of Jacques Lacan, Book XI: The Four Fundamental Concepts of Psychoanalysis*, Trans. Alan Sheridan, Hogarth, 1977.
- Lacan, J., *The Seminar of Jacques Lacan, Book XVII: The Other Side of Psy-choanalysis*, Trans. Russell Grigg, Norton, 2007.
- Lacan, J., *The Seminar of Jacques Lacan, Book XIX: … or Worse*, Trans. Adrian Price, Polity, 2018.
- Lacan, J., *The Seminar of Jacques Lacan, Book XX: Encore, On Feminine Sexuality: The Limits of Love and Knowledge*, Trans. Bruce Fink, Norton, 1998.
- Lacan, J., *The Seminar of Jacques Lacan, Book XXIII: The Sinthome*, Trans. Adrian Price, Polity, 2016.
- Lacan, J., *Écrits: The First Complete Translation in English*, Trans. Bruce Fink, Norton, 2006.
- Lear, J., *Freud*, Routledge, 2005.
- Lear, E., *Edward Lear's Book of Nonsense*, Usborne, 2014.
- Locke, J., *An Essay Concerning Human Understanding*, Oxford

University Press, 1975.
- Neill, C., *Without Ground: Lacanian Ethics and the Assumptions of Subjectivity*, Palgrave, 2014.
- Nietzsche, F., *On the Genealogy of Morality*, Trans. Carol Diethe, Cambridge University Press, 1994/1887.
- Plato, *Symposium*, Trans. Robin Waterford, Oxford University Press, 2008.
- Roudinesco, E., *Jacques Lacan: An Outline of a Life and a History of a System of Thought*, Trans. Barbara Bray, Columbia University Press, 1999.
- Roudineso, E., *Freud: His Time and Ours*, Trans. Catherine Porter, Harvard University Press, 2016.
- Salecl, R., Ed., *Sexuation*, Duke University Press, 2000.
- Schelling, F., *System of Transcendental Idealism*, University of Virginia Press, 1978.
- Silverstein, S., *The Missing Piece*, Harper Collins, 1978.
- Sophocles, *The Three Theban Plays: Antigone, Oedipus The King, Oedipus at Colonus*, Trans. Robert Fagles, Penguin, 1984.

영화

- *Hellraiser*, Directed by Clive Barker, Film Futures, UK, 1987.
- *Spider-Man: No Way Home*, Directed by Jon Watts, Columbia Pictures/Marvel Studio, USA, 2021.
- *That Obscure Object of Desire*, Directed by Luis Bunuel, Greenwich Film, France/Spain, 1977.
- *The Matrix*, Directed by the Wachowskis, Warner Bros, USA, 1999.
- *Wayne's World*, Directed by Penelope Spheeris, Paramount Pictures, USA, 1992.

TV 드라마

- *Euphoria*, HBO, USA, 2019.
- 'Too Much Birthday', *Succession*, Season 3, Episode 7, HBO, USA, 1992.

노래

- *My Generation*, The Who, Decca, London, 1965.

감사의 말

책을 쓰는 데에는 분명한 고독이 있다. 나와 컴퓨터 화면, 그리고 내 손에는 이미 존재하는 다른 책들뿐. 운이 좋게도 이 책을 쓰는 내내 곁에 고양이 스타리가 있었고, 다른 고양이 줄리가 주기적으로 휴식 시간이 되었음을 알려주었다. 하지만 고양이 동반자 외에도 저마다의 방식으로 이 책의 존재를 가능하게 해준 사람들이 있었다.

가장 먼저 클레어와 애티커스에게 감사를 전하고 싶다. 두 사람의 인내심과 지원, 격려와 관심 덕분에 이 모든 것이 가능했다. 두 사람이 없었다면 이 책은 결코 쓰이지 못했을지도 모른다.

또한 내가 가르친 모든 수업에서 라캉을 설명할 때 더 열심히 하도록 질문해주고 나를 자극해준 모든 학생에게 빚을 지고 있다. 특히 라캉을 이해하지 못했음에도 계속 돌아와서 한 번 더 시도해준 학생들에게 진심으로 감사하다. 내가 누구를 말하는지 너희는 다 안다.

특별히 감사를 전하고 싶은 세 학생이 있다. 이들은 감사의 표현 이상의 것을 받을 자격이 있다. 안나, 안티, 클라우디아. 너희는 라캉을 이해하려고 했을 뿐 아니라 너희의 학위를 이 도전에 거는 위험을 무릅썼다. 너희는 훌륭했지만 그 대가를 치렀다는 것을 알고 있다. 너희는 내가 가르치는 데 들이는 모든 노력을 가치 있게 만드는 학생이다. 고맙다.

〈스코틀랜드 라캉〉 강연 시리즈를 함께 운영해준 내 동료이자 제자였던 아만다에게도 고맙다. 너는 내 수업을 누구보다 많이 들었다. 그리고 자신의 생각을 정립할 수 있을 때까지 더 나은, 더 명확한 설명을 듣기 위해 계속 돌아와서 질문하고 도전했다.

주체의 빈곤을 설명할 예시로 〈스파이더맨: 노 웨이 홈〉을 제안해준 좋은 친구 데릭 혹에게 빚을 졌다. 그리고 나와 함께 데카르트, 플라톤, 프로이트에 대해 고민하고 영화의 뉘앙스를 설명해준 아들 애티커스에게도 마찬가지다. 애티커스, 네가 학교에서 어떤 교육을 받든 받지 않든 너는 아침에 학교까지 함께 걸어가는 동안 나에게 꼭 한 가지씩은 가르침을 주었다.

마지막으로 이 책은 내가 누릴 수 있는 최대한의 고요 속에서 쓰였지만 빗속에서 달릴 때 사운드트랙이 되어준 데프시와 빌리 우즈의 음악이 꼭 필요한 순간 그 고요를 깨주었고 나를 다시 리듬이 살아 있는 언어로 돌아가게 해주었다. 언젠가 당신 두 사람이 이 책을 읽을지도 모르겠다. 어쩌면 아닐지도. 어쨌든 고맙다.

역자 후기

외국어 책을 번역한다는 것은 본질적으로 원서 저자의 독특한 글쓰기 형식과 어조, 그리고 때로는 원어의 함축적 의미를 '상실'한다는 것을 의미한다. 번역에서 드러나는 이러한 상실은 프랑스인이며 프랑스어가 모국어인 신경정신과 의사이자 정신분석가였고, 20세기의 거대한 사상가였던 라캉의 저작의 경우 더욱 명백하다. 보통 라캉 학자들은 언어마다 약간의 차이는 있겠지만(예를 들어 스페인어 같은 로맨스어계 언어들은 프랑스어와 더 가깝다.) 라캉 번역은 '불가능'하다고 한 치의 주저 없이 반응한다. 이 '불가능'의 가장 특징적인 이유는 무엇보다 라캉의 독특한 어조나 수사법 때문이며, 이와 더불어 프랑스 사람들에게도 난해한 신조어와 언어 유희의 잦은 사용 때문이다. 이러한 배경에서 영어로 쓰인 라캉에 대한 책을 한국어로 번역한다는 것 역시 본질적 '상실'을 피할 수 없으며, 불가능까지는 아닐지 모르지만 또 다른 차원의 어려움을 내포한다. 이 책의 저자인 칼럼 닐 역시 번역의 이러한 중요한 점을 간과하지 않았고, 한국 독자를 위해 번역된 이 책의 서문에서 암묵적으로 라캉에 대한 책을 (영어로) 쓴다는 것 자체가 번역이며, 따라서 자신의 책은 필연적으로 라캉의 많은 것을 놓칠 '불가능'의 산물이라고 밝힌다.

칼럼 닐이 아마도 옳을 것이다. 하지만 나는 또한 그가 겸손하다고 말하고 싶다. 그의 겸손은 라캉에 관한 여러 저서를 출판하고 많은 박사 학생을 배출한 학자로서 자신을 낮추었다는 점에서뿐 아니라 라캉의 핵심 사상 중 하나인 '불가능성'을 자신의 글에서 질문하고 탐구한 학문적 차원에서도 나타난다. 특히 후자의 관점에서 나는 칼럼 닐을 훌륭한 라캉의 '읽기자'이며 믿을 수 있는 라캉 저자라고 주저없이 말하고 싶다. 번역에서 발생하는 '상실'을 무릅쓰고 내가 이 책을 번역하고자 한 이유도 바로 여기에 있다.

미국 학계에서 라캉은 변방에 위치한다고 해도 과언이 아니다. 그럼에도 최근 10년 사이 라캉 세미나의 공식 영어 번역본이 이전보다 많이 출판되고 있다. 이와 더불어 최근 영어권에서는 라캉을 연구하는 인문학자들뿐 아니라 임상가들이 쓴, 직접적이거나 간접적인 라캉 관련 책이 많이 쏟아지는 희망적 분위기를 느낄 수 있다. 그러나 이 모든 시도가 라캉을 정확하게 또는 정통적으로 읽어내지는 못하는 가운데 칼럼 닐의 책은 빛이 난다. 그의 명확한 라캉 읽기는 나로 하여금 본질적으로 상실적이고 불가능한 이 번역 작업을 즐길en-joy **1** 수 있게 해주었다.

번역 과정에서 느낀 즐거움은 단순히 번역 행위 자체를 넘어, 이 책의 '글자'(라캉의 프랑스어 표현 'lettre' 또는 이를 영어로 번역한 'letter'를 빌려)들이 한국 독자들에게도 전달될 것이라는 사실에서도 비롯한다. 독자들은 칼럼 닐의 책에서 라캉의 난해한 사상이나 개념의 '기본'을 다른 어떠한 라캉 관련 저서에서보다 용이하게, 그리고 근본적으로 접할 수 있을 것이다. 이런 이유로 나는 이 책을 누구에게든 추천하고 싶다. 인문학, 즉 문학이나 예술 또는 철학 등의 분야에서 활동하는 라캉 전문가들에게는 이 라캉 기본서가 학부와 대학원 수업의 좋은 강의 자료가 될 것이라고 생각한다. 또한 라캉을 조금 읽었거나 공부했지만 그의 사상의 기본을 더 명확하게 정리하고 싶다면 이 기본서는 더할 나위 없이 좋은 책이다. 마지막으로 라캉에 관심이 있었으나 어렵다는 선입견으로 엄두를 내지 못했다면 칼럼 닐의 이 책이 훌륭한 시작이 될 것이다.

이 책의 번역에 대해 몇 가지를 명시하고자 한다. 먼저 'pleasure'는 일반적 한국어 번역어인 '쾌락' 대신 '쾌감'이라는 단어를 선택했다. 몸과 몸의 동적 또는 원초아적 에너지에 바탕을 둔 프로이트의 원래 개념을 최대한 살리기 위해서

---

1 (역자 주) 번역 작업 '안en'에서의 '즐거움joy'을 표현하기 위해 프랑스어와 영어를 결합해 만든 단어다.

다. 즉 한국어 '쾌락'이 어떤 행위가 가져다주는 즐거운 느낌을 내포한다면, '쾌감'은 프로이트가 강조한, 우리 몸이 직접적으로 경험하는 신체적 감각의 의미를 더 잘 전달한다고 믿기 때문이다. 둘째로 'drive'를 '역동'으로 번역했다. 'drive'는 프로이트가 사용한 독일어 'Trieb'에서 기원한 영어 번역으로 'Trieb'은 'drive'뿐 아니라 본능, 충동을 의미하는 'urge', 'desire' 또는 'impulsion'과 같은 의미도 내포한다. 잘 알려져 있다시피 프로이트의 영어 번역가인 제임스 스트래치는 'Trieb'을 영어 'instinct', 즉 '본능'으로 번역했는데 라캉 학파에서는 이것이 정확한 영어 번역이 아님을 지적한다. 한국어로는 종종 '충동'으로 번역되기도 하지만 나는 라캉 자신이 'Trieb'의 번역어로 선택한 프랑스어 'pulsion'에 기반해 '역동'을 선택했다. 이는 영어로 'drive'나 'pushing'에 가까운, 에너지의 누르는 동작의 뉘앙스를 강조하고자 함이다. 세 번째로 칼럼 닐은 몇몇 라캉의 프랑스 신조어 그리고 여타 외국어(가령 독일어와 라틴어)를 영어 번역이 아닌 원어 그대로 사용하고 있는데 그런 경우 나는 한국어 번역 대신 원어의 발음을 기재했다. 가령 'object petit a'는 '오브제 프티 아', 'jouissance'는 '주이상스', 'Trieb'은 '트립', 그리고 'cogito'는 '코기토'로 표시하였다. 특히 라캉이 만들어낸 첫 두 프랑스어 단어는 한국어 번역이 거의 불가능 할 뿐 아니라(물론 일반적으로 전자는 '작은 대상 a' 그리고 후자는 '향락'으로 번역되고 있다.) 번역되었을 때 라캉이 의도

한 뉘앙스가 쉽게 사라져버리기 때문이다. 이 때문에 이 두 단어를 비롯한 라캉의 신조어 또는 언어 유희가 때때로 영어 번역에서 프랑스어 그대로 사용되는 것이 추세이기도 하다.

라캉은 "글자는 언제나 목적지에 도착한다."라고 말했다. 나는 번역의 본질적 상실과 불가능성에도 이 책의 글자들이 한국 독자들에게 도착할 것이라고 믿는다. 물론 전달되는 형태와 전달의 효과는 각각 고유하고 다르겠지만.

마지막으로 이 책의 번역 제안을 기꺼이 받아주시고 번역하는 동안 좋은 제안을 아끼지 않으며 성심성의껏 여러 부분을 배려해주신 yeondoo 출판사의 김유정 대표님과 정성껏 원고 교정을 봐주신 조나리 편집자님께 큰 감사를 드린다. 또한 무엇보다 이 인연을 만들어주신, 학계 담론을 넘어 우리 시대의 중요한 사상가인 경희대학교 이택광 선생님께도 깊은 감사를 표한다.

이미라
2025년 9월, 뉴욕

라캉을 읽기 위한 기본

초판 1쇄 발행. 2025년 12월 1일

지은이. 칼럼 닐
옮긴이. 이미라

편집. 김유정, 조나리
디자인. 박준기
표지그림. 박찬국

펴낸이. 김유정
펴낸곳. yeondoo
등록. 2017년 5월 22일 제300-2017-69호
주소. 서울시 종로구 부암동 208-13
팩스. 02-6338-7580
메일. 11lily@daum.net
ISBN. 979-11-91840-49-0(03100)

글의 일부 또는 전부를 사용하려면 저작권자와 출판권자의
동의를 받아야 합니다.
책값은 뒤표지에 적혀 있습니다.